U malucha na talerzu

Zdrowa dieta dla niemowląt

MARTA JAS-BARAN
TAMARA CHORĄŻYCZEWSKA

U malucha na talerzu

Zdrowa dieta dla niemowląt

publicat
WYDAWNICTWO

Nasze książki kupisz na:

PUBLICAT.PL

Wydawca oświadcza, iż dołożył należytej staranności celem poszanowania praw autorskich twórców poszczególnych ilustracji (fotografii), z uwzględnieniem możliwości dozwolonego użytku publicznego oraz zasady prezentacji nazwisk i dzieł. W razie jakichkolwiek uwag prosimy o kontakt z działem gromadzenia zbiorów wydawnictwa.

Wydawca i Autorka dziękują Recenzentom za cenne uwagi i wskazówki, które przyczyniły się do wzbogacenia publikacji.

Fotografie wykonał Maciej Baran, z wyjątkiem:
s. 6: Viktor Kitaykin/Istockphoto, s. 10-11: Istockphoto, s. 13: Nikolay Suslov/Istockphoto, s. 14: Roberto A. Sanchez/Istockphoto, s. 16: Istockphoto, s. 17: Isabelle Limbach/Istockphoto, s. 18: Teresita Cortés/Istockphoto, s. 19: Monika Adamczyk/Istockphoto, s. 21: Elena Korenbaum/Istockphoto, s. 23: Elena Schweitzer/Istockphoto, s. 25: Isabelle Limbach/Istockphoto, s. 26: Marc Dietrich/Istockphoto, s. 27: David Morgan/Istockphoto, s. 28: Elena Schweitzer/Istockphoto, s. 31: Stanislav Mikhalev/Istockphoto, s. 33: Zhuravleva Maria/Istockphoto, s. 34: Beata Becla/Istockphoto, s. 36: Kenneth C. Zirkel/Istockphoto, s. 37: Anette Romanenko/Istockphoto, s. 57: Istockphoto, s. 66: Roberto A Sanchez/Istockphoto, s. 85: Valentyn Volkov/Istockphoto, s. 87: Istockphoto, s. 90: Michał Rożański/Istockphoto, s. 103: Istockphoto, s. 105: Joan Vicent Cantó Roig/Istockphoto, s. 107: Vladimir Vladimirov/Istockphoto, s. 113: Don Bayley/Istockphoto, s. 125: Linda & Colin McKie/Istockphoto, s. 128: Joe Biafore/Istockphoto, s. 147: Eveline Kooijman/Istockphoto (ogórek), Ljupco Smokovski/Istockphoto, s. 154: Istockphoto, s. 164: Raychel Deppe/Istockphoto, s. 177: Cathleen A Clapper/Istockphoto, s. 202: René Jansa/Istockphoto, s. 205: Elena Elisseeva/Istockphoto, s. 209: Julia Kaptelova/Istockphoto (orzechy), s. 219: Adam Borkowski/Istockphoto

Ilustracje na okładce: Irina Barcari/Istockphoto (talerzyk z kanapką), Barcin/Istockphoto (drewno)
Fotografie Recenzentów pochodzą z ich domowych zbiorów

Konsultacje merytoryczne – dr n. med. Wojciech Pietras,
dr n. med. Ewa Willak-Janc, prof. dr hab. inż. Aneta Wojdyło
Redakcja – Justyna Sell
Projekt graficzny – Hubert Grajczak
Realizacja komputerowa projektu – Elżbieta Baranowska, Hubert Grajczak
Korekta – Eleonora Mierzyńska-Iwanowska
Projekt okładki – Hanna Polkowska
Redakcja techniczna – Zbigniew Wera
Edycja fotografii – Marek Nitschke, Michał Pańczak

ISBN 978-83-245-2229-3

publicat WYDAWNICTWO

jest znakiem towarowym Publicat S.A.

PUBLICAT S.A.
61-003 Poznań, ul. Chlebowa 24
tel. 61 652 92 52, fax 61 652 92 00
e-mail: publicat@publicat.pl
www.publicat.pl

SPIS TREŚCI

SPIS TREŚCI

Drodzy Rodzice

Każdy z nas chce, by jego dziecko było zdrowe i szczęśliwe. Początkowo wydaje się, że najtrudniejszym okresem jego rozwoju jest ciąża. Tymczasem nadchodzi dzień narodzin, powrót mamy i noworodka do domu, który rozpoczyna kolejny etap naszego rodzicielskiego zadania. Chcielibyśmy zrobić wszystko, co najlepsze dla malucha. Ale co jest dla niego najlepsze? W pierwszym roku życia dziecka to, oprócz opieki i czułości, dobre odżywianie, które sprawi, że będzie ono rosło silne i zdrowe. I tu pojawiają się pytania: Czym karmić niemowlę? Jakich produktów i potraw unikać, a które koniecznie wprowadzić do jego jadłospisu? Kiedy przejść z diety mlecznej na półpłynną i normalną? To najczęściej zadawane przez świeżo upieczonych rodziców pytania. Ja także je sobie zadawałam i szukałam na nie odpowiedzi.

Jestem szczęśliwą mamą Krzysia. U mojego synka już w pierwszym półroczu życia ujawniły się różne reakcje na źle dobraną dietę, takie jak wysypka, ulewanie, problemy ze snem. Pomimo poszukiwań nie znalazłam książki, z której mogłabym czerpać pomysły na zdrowe i odpowiednie do wieku Krzysia potrawy. Przejrzałam setki stron internetowych i czasopism dla rodziców, wysłuchałam mnóstwa porad lekarzy i zaprzyjaźnionych mam. Wszystkie rady sumiennie sprawdzałam – gotowałam, karmiłam moją pociechę, zapisywałam uwagi i przepisy.

OD AUTORKI

Kiedy Krzyś skończył roczek, poczułam się jak doświadczona matka. Z zawodu jestem prawnikiem – pomagam ludziom rozwiązywać ich problemy. Pomyślałam, że mogę podzielić się moją praktyczną wiedzą z szerszym gronem „początkujących" mam i ułatwić im pierwszy etap rodzicielstwa. Tak zrodził się pomysł napisania książki kucharskiej dla rodziców polskich niemowlaków – „polskich", ponieważ publikacja ta wpisuje się w rodzimą tradycję żywienia niemowląt, która różni się od sposobów odżywiania dzieci w innych krajach.

Drodzy Rodzice! Poradnik, który oddaję w Wasze ręce, jest efektem moich rocznych doświadczeń. Zawiera 101 przepisów na potrawy dla niemowląt od 4. do 12. miesiąca życia. Staram się w nim rozwiązać rozmaite zawiłości dotyczące m.in. tego, kiedy można dziecku podawać posiłki stałe, w jakiej kolejności wprowadzać różne produkty i które z nich najsilniej alergizują. Przedstawione w książce potrawy można przygotować z ogólnie dostępnych w Polsce produktów. Każdy z zaprezentowanych przepisów sprawdziłam osobiście. Ponadto opatrzyłam je swoimi praktycznymi uwagami. Zaznaczam, że u dzieci, u których stwierdzono alergię, czy też cierpiących na choroby, przy których dieta ma zasadniczy wpływ na stan zdrowia, polecane przeze mnie potrawy można stosować jedynie po uprzedniej konsultacji z lekarzem pediatrą lub pediatrą alergologiem prowadzącym dziecko.

Wszystkie podane przepisy są zgodne z zasadami żywienia niemowląt z 2014 roku opracowanymi przez Polskie Towarzystwo Gastroenterologii, Hepatologii i Żywienia Dzieci. Pierwsze wydanie książki bazowało natomiast na uznanym przez polskich pediatrów w listopadzie 2006 roku schemacie żywienia niemowląt. Pierwsze i drugie wydanie książki różnią się więc. Aktualne zasady wpłynęły przede wszystkim na treść porad zgromadzonych w części teoretycznej oraz na zawartość tabel zamieszczonych na końcu książki. Pisząc *U malucha na talerzu. Zdrowa dieta dla niemowląt*, konsultowałam się z lekarzami pediatrami oraz technologiem żywienia.

W opracowaniu koncepcji poradnika pod względem literackim bardzo pomogła mi moja przyjaciółka, Tamara Chorążyczewska. Do współpracy zaprosiłam też mojego męża, Macieja Barana, który wykonał do niego wiele pięknych zdjęć. Ufam, że wspólnie stworzyliśmy publikację pożyteczną i mądrą. Mam również nadzieję, że stanie się ona ulubioną książką kucharską wielu Rodziców, a dzieciom przyniesie nie tylko korzyść, ale i przyjemność.

Marta Jas-Baran

CO KAŻDY RODZIC WIEDZIEĆ POWINIEN

WSTĘP

Prawidłowe żywienie niemowlęcia – jeśli nie cierpi na celiakię, inne choroby przemiany materii lub na nawracające alergie pokarmowe – nie jest tak trudne, jak się może wydawać po lekturze specjalistycznych artykułów. Trzeba znać pewne zasady żywienia dziecka, wiek, w którym warto lub należy wprowadzać nowe produkty, oraz nauczyć się odczytywać zarówno reakcje malucha (płacz i niepokój), jak i reakcje jego organizmu (wysypki, biegunki, wzdęcia).

W części *Co każdy rodzic wiedzieć powinien* staram się odpowiedzieć na pytania, które zadawałam sobie podczas karmienia Krzysia, i rozwiać wątpliwości, jakie dręczą wielu rodziców albo które mogą pojawić się podczas korzystania z zamieszczonych w książce przepisów. Na końcu publikacji znajdują się ujęte w tabele wskazówki dotyczące karmienia niemowląt oparte na wytycznych opracowanych przez Polskie Towarzystwo Gastroenterologii, Hepatologii i Żywienia Dzieci w 2014 r.

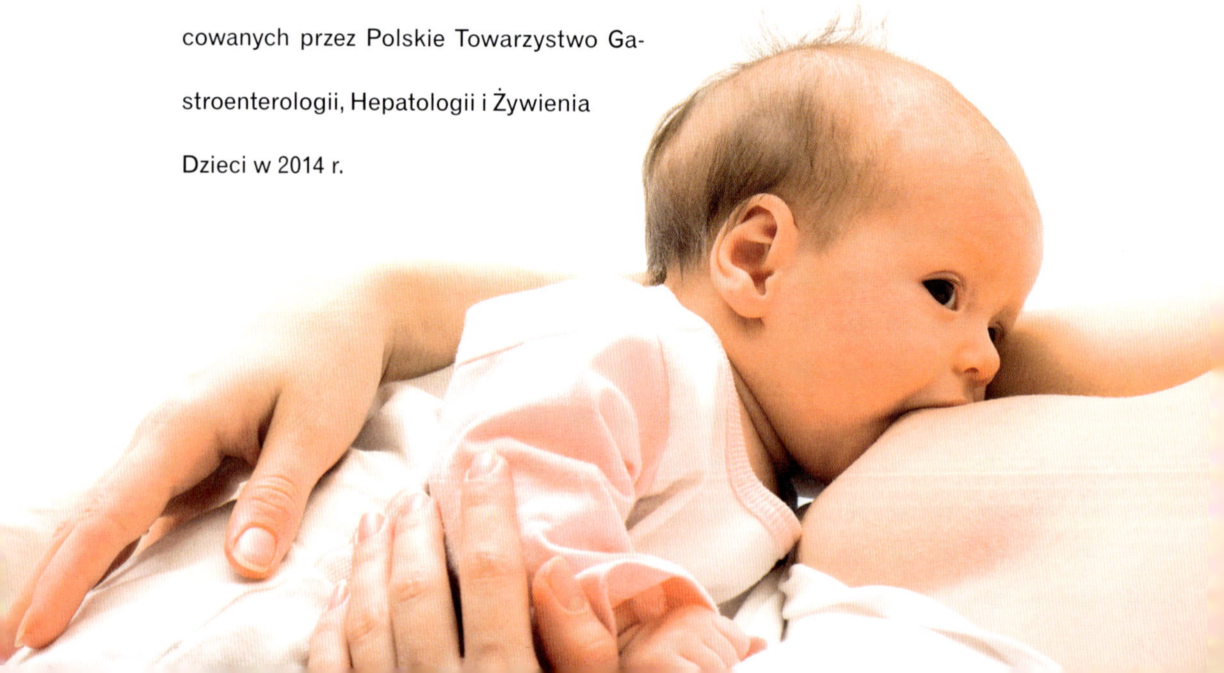

Czy istnieją odrębne schematy żywienia dla dzieci karmionych naturalnie i sztucznie?

Do tej pory obowiązywały dwa różne schematy żywienia dla niemowląt karmionych piersią i preparatami zastępującymi mleko mamy (mleko modyfikowane, preparaty mlekozastępcze). W nowym schemacie zasady i czas wprowadzania produktów uzupełniających mleczną dietę są takie same, bez względu na to, w jaki sposób niemowlę jest karmione.

Jakie mleko jest najlepsze dla dziecka?

Najlepszym mlekiem dla dziecka jest mleko matki. Przeciwwskazaniem do karmienia piersią są jedynie: nieleczona gruźlica, zakażenie HIV, konieczność leczenia matki wybranymi lekami. Przeciwwskazaniem nie są natomiast: ostra choroba infekcyjna mamy, leczone wirusowe zapalenie wątroby, zapalenie gruczołów piersiowych itp.

Jak długo niemowlę powinno być karmione wyłącznie piersią?

Jeśli to możliwe, przez co najmniej 4 pierwsze miesiące życia warto karmić maleństwo wyłącznie mlekiem matki. Nie należy podawać innych płynów – wody, soków, mieszanek. Wyjątek stanowią witaminy i leki. Mleko mamy w pełni zaspokaja potrzeby żywieniowe dziecka w pierwszym półroczu, w drugim jest podstawą diety. Nie określono, do kiedy należy karmić piersią. Karmienie powinno trwać tak długo, jak mama i dziecko tego potrzebują.

Gdy dziecko skończy 4 miesiące, do jego diety wprowadza się pokarmy uzupełniające i kontynuuje się karmienie piersią.

Czy niemowlę da nam znać, że jest gotowe na rozszerzanie diety?

Dzieci niekiedy same dają znać, że są gotowe na rozszerzanie swego jadłospisu. Mogą domagać się częstszego karmienia czy częściej budzić się w nocy. Czasami można też zaobserwować mlaskanie, radość i uśmiechanie się na widok jedzenia. Jeśli niemowlę karmione piersią prawidłowo przybiera na wadze, nie śpieszmy się z wprowadzaniem nowych pokarmów. Tydzień lub dwa na pewno nie zrobią różnicy.

Od kiedy podajemy dziecku mleko krowie?

Mleko krowie w nieprzetworzonej postaci zasadniczo wprowadzamy do diety malca dopiero w 3., a nawet 4. roku życia. Wcześniej powinien pić mleko matki lub mleko modyfikowane. Podawanie mleka krowiego wiedzie bowiem do nadmiernego obciążenia organizmu białkiem oraz solami mineralnymi i może spowodować alergię. Przed podjęciem decyzji o jego wprowadzeniu oceńmy zdrowie dziecka, a w razie jakichkolwiek wątpliwości zapytajmy o zdanie lekarza prowadzącego.

Czym różni się mleko modyfikowane od mleka krowiego?

Mleko modyfikowane różni się od mleka krowiego przede wszystkim zawartością białka i rodzajem tłuszczów. Mleko krowie zawiera zbyt dużą ilość białek, takich jak kazeina, które nie są dobrze tolerowane przez niemowlęta. W mleku krowim jest także betalaktoglobulina, uznawana za jeden z głównych alergenów pokarmowych. Skład mleka modyfikowanego jest zbliżony do składu mleka matki.

W mleku modyfikowanym ilość białka jest mniejsza niż w mleku krowim. Dodaje się do niego nienasycone kwasy tłuszczowe, korzystne dla organizmu człowieka. Mleko modyfikowane wzbogaca się o witaminy i mikroelementy, a obniża się zawartość sodu czy potasu, które nadmiernie występują w mleku krowim. Producenci mleka modyfikowanego dbają o to, aby uwzględniało ono różne potrzeby dzieci z problemami żywieniowymi.

Na półkach sklepowych i aptecznych znajdziemy mleka wzbogacone w nienasycone kwasy tłuszczowe NNKT, w tym wielonienasycone kwasy tłuszczowe takie jak LCPUFA, w probiotyki, prebiotyki i oligosacharydy, mleka o obniżonej kwasowości lub o obniżonej zawartości laktozy, mleka zagęszczone AR dla dzieci ulewających lub o zwiększonym apetycie, preparaty sojowe, mleka hipoalergiczne, pozwalające zapobiegać alergii, jak również mleka o znacznym stopniu hydrolizy białek dla dzieci ze stwierdzoną alergią czy skazą białkową. Opracowano także mleka odpowiednie dla wcześniaków i niemowląt z małą masą urodzeniową. (O sposób żywienia niemowlęcia o niestandardowej masie ciała zapytajmy pediatrę, który z pewnością pomoże nam wybrać odpowiednie mleko).

Jakiej wody używamy do przygotowywania mleka i innych potraw?

Nowe zasady żywienia niemowląt podkreślają, że wody mineralne (źródlane) służą do picia, nie do gotowania, i nie powinny być wykorzystywane do przygotowywania posiłków. W czasie gotowania takiej wody wytrącają się składniki mineralne. Najlepiej do przyrządzania potraw dla niemowlaków używać wody z kranu przefiltrowanej lub uprzednio ugotowanej. W wielu miastach zimna woda z kranu jest dziś zdatna do picia, bowiem została oczyszczona w nowoczesnych systemach uzdatniania. Jaka jest nasza woda? Proponujemy zagotować oddzielnie: 1 szklankę wody z kranu, 1 szklankę przefiltrowanej wody z kranu i 1 szklankę wody mineralnej. Zaobserwujmy, z której wytrąciło się najmniej składników, i takiej używajmy do przygotowywania potraw dla dzieci.

Co to jest mleko początkowe (1) i czym różni się od mleka następnego (2)?

Mleko początkowe, oznaczone numerem 1, jest mlekiem modyfikowanym przeznaczonym dla zdrowych niemowląt w okresie od 1. do około 4. miesiąca życia. Obecnie przyjmuje się, że można je stosować nawet do 6. miesiąca życia. Jego skład rygorystycznie naśladuje bowiem skład mleka matki.

Innym sposobem karmienia niemowlęcia jest podawanie mu w okresie od 4. do 6. miesiąca życia mleka początkowego naprzemiennie z mlekiem następnym, dzięki czemu organizm dziecka może łatwiej przystosować się do zmiany pokarmu.

Mleko następne, oznaczone numerem 2, to również mleko modyfikowane, ale przeznaczone dla niemowląt po 4. miesiącu życia. Jest w nim zachowana odpowiednia proporcja białek, węglowodanów, tłuszczów, witamin i składników mineralnych. Charakteryzuje się ono większą ilością żelaza, gdyż zapotrzebowanie na ten składnik wzrasta wraz z wiekiem dziecka.

W jaki sposób zmieniamy rodzaj mleka podawanego niemowlęciu?

Przechodzenie z jednego rodzaju mleka na inny powinno się zawsze odbywać stopniowo, tak aby organizm dziecka miał czas, by przestawić się na nowy sposób trawienia. Uchroni to dziecko przed nagłymi zaparciami czy biegunkami. (Dotyczy to zarówno zmiany mleka matki na modyfikowane, jak również zmiany rodzaju czy marki mleka modyfikowanego).

Zasada stopniowej zmiany mleka jest prosta. W pierwszym dniu nowym mlekiem zastępujemy jedno karmienie, w drugim dwa karmienia itd., aż do wprowadzenia go na stałe. Bez problemu możemy również podawać maluchowi zamiennie dwa rodzaje mleka. Dzieci w drugim półroczu życia z reguły płynniej przechodzą z jednego mleka na drugie.

Czy częste podawanie mleka wzbogaconego o probiotyki może szkodzić?

Podawanie dziecku mleka wzbogaconego o probiotyki ma korzystny wpływ na regulację mikroflory jelitowej, stymulację układu odpornościowego i ochronę przed infekcjami, jak również zapobiega biegunkom i zaparciom. Niektórzy przypisują mu także działanie antyalergiczne. Podkreśla się ogromne zalety takiego mleka i nie stwierdzono jednoznacznie żadnego szkodliwego wpływu kultur bakterii probiotycznych na organizm malucha.

Co niemowlę może pić, a czego nie?

Woda

Zapotrzebowanie na wodę u niemowlaka jest czterokrotnie większe niż u osoby dorosłej (w przeliczeniu na masę ciała). Pokarm matki zaspokaja potrzeby dziecka do ok. 6 miesiąca życia. Potem podajemy wodę do picia.

Najlepsza jest woda źródlana, naturalna woda mineralna, niskosodowa, niskosiarczanowa. Nie każda woda butelkowa nadaje się dla dzieci. Naturalne wody służą do picia, nie do gotowania. Nie powinny być więc wykorzystywane do przygotowywania posiłków.

Soki

We wskazówkach żywieniowych z 2014 roku mocno zaakcentowano, że w diecie niemowląt soki nie służą zaspokajaniu pragnienia, nie powinny więc zastępować wody. Nie zaleca się ich aż do 5 miesiąca życia, bowiem mogą zniechęcić dziecko do przyjmowania mleka, które jest właściwym w tym wieku źródłem niezbędnych składników odżywczych.

Na początku rozszerzania diety podajemy dziecku 50–100 ml soku dziennie, później 100–150 ml. Starszemu niemowlakowi dajemy nie więcej niż szklankę soku dziennie. Pamiętajmy, ze lepsze od soków są przetarte lub całe owoce, ponieważ zawierają błonnik.

Za zastąpieniem owoców sokami wyjątkowo może przemawiać stan zdrowia malca.

Herbatki ziołowe

Godne polecenia są herbatki z naturalnych suszonych owoców lub ziół, np. z dzikiej róży, malin, mięty, rumianku. Od czasu do czasu możemy stosować gotowe herbatki dla niemowląt w granulacie. Mają one jednak w swoim składzie substancje słodzące. Jeśli podajemy kompot, to tylko domowy, świeży, krótko gotowany i niskosłodzony.

Napojem zakazanym do 1. roku życia jest czarna herbata, która zawiera teinę i sporo kofeiny. Wykluczyć należy oczywiście kawę oraz gazowane i sztucznie barwione napoje.

Jak rozpocząć rozszerzanie diety?

Czas

Nie ma podziału na dzieci karmione piersią i mlekiem modyfikowanym. Nowe produkty wprowadzamy między 17 tygodniem (4. miesiąc) a 26 tygodniem (6. miesiąc) życia. Zaczynamy od warzyw. Następnie podajemy owoce i produkty białkowe pochodzenia zwierzęcego. Poprzez wczesne wzbogacenie diety produktami potencjalnie alergizującymi chronimy dziecko przed alergią.

Zdarza się, że dzieci nawet do 7. miesiąca chcą pić tylko mleko. Najlepiej wówczas robić jedno- lub dwudniowe przerwy i konsekwentnie proponować nowe smaki. To, czego maluch nie chciał jeść dwa dni temu, po jakimś czasie może okazać się prawdziwym przysmakiem. Jeśli do końca 6. miesiąca życia dziecka nie uda się włączyć regularnych posiłków dodatkowych, powinniśmy bezwzględnie udać się do lekarza prowadzącego, który może podjąć decyzję o podaniu stosownych preparatów uzupełniających dietę mleczną o składniki mineralne i witaminy.

Sposób podania

Zupki i owoce starajmy się podawać łyżeczką. Zanim dziecko się do tego przyzwyczai, mogą minąć nawet dwa miesiące, ale nie należy dla własnej wygody zdawać się tylko na butelkę ze smoczkiem. Przy każdym posiłku próbujmy przez co najmniej pięć minut karmić malucha łyżeczką, a dopiero gdy sytuacja „stanie się gorąca", przelewać zupki do butelki i rozrzedzać. Dziecko w końcu pokocha ten sposób serwowania jedzenia. Nowe produkty, szczególnie w pierwszej połowie życia, należy wprowadzać w ilości dwóch, trzech łyżeczek i obserwować reakcję dziecka na dany pokarm przez kilka dni.

Uwaga: Dzieci do 3. lub nawet 4. roku życia powinny jeść tylko w pozycji siedzącej i zawsze pod opieką osoby dorosłej.

Od czego zacząć rozszerzanie diety, aby dziecko zaakceptowało nowe smaki?

Wprowadzanie nowych produktów najlepiej zacząć od kleiku ryżowego lub papki z jabłka – należy je zmieszać z pitym zazwyczaj mlekiem. Na początku niemowlę powinno zjeść tylko kilka łyżeczek takiej mieszanki.

W pierwszym miesiącu rozszerzania diety obowiązuje zasada, że im prostsze dania, tym lepiej. Łatwiej wtedy ustalić „winowajcę" nietolerancji czy alergii pokarmowej. Produkty uzupełniające dietę mleczną starajmy się od początku podawać w określonym porządku i czasie. Dziecko samo będzie wówczas odczuwać głód o stałych porach. W późniejszych miesiącach, gdy ograniczymy liczbę posiłków do pięciu, a nawet czterech, zauważymy, czy maluch zaakceptował zmiany.

Dlaczego rozszerzanie diety warto zacząć od kleiku ryżowego?

Kleik ryżowy jest potrawą sycącą, ale lekkostrawną i łatwą do podania. Nie zawiera glutenu. Łatwo też sprawdzić reakcję dziecka na ten produkt – wystarczy niewielką ilość wymieszać z gotowym mlekiem modyfikowanym (lub z mlekiem matki) i podać maluchowi. Kleik doskonale zagęszcza zupki i przeciery. Można go serwować już czteromiesięcznym dzieciom. Substancje zagęszczające mleko są jednak uzasadnione jedynie u maluszków z refluksem (gdy dziecko ulewa) i z zaburzeniami wzrostu związanymi ze stratami energetycznymi ulanego posiłku. Niepotrzebnie wprowadzane mogą stwarzać ryzyko otyłości.

Kleik ryżowy znajdziemy na półkach z żywnością dla niemowląt. Jest nieco delikatniejszy od kaszki ryżowej, a rozrobiony wodą uzyskuje bardziej lepką konsystencję. Jest najprostszym produktem powstałym na bazie ryżu. Wzbogacone witaminami kaszki ryżowe są przeznaczone dla trochę starszych dzieci.

Uwaga: Kleik ryżowy może wywoływać u niektórych dzieci zaparcia, więc z jego ilością w diecie niemowlęcia nie należy przesadzać.

Jakiej wielkości porcje powinno zjadać dziecko?

Według nowych zasad żywienia z 2014 roku **rodzic decyduje, co dziecko dostanie do jedzenia, kiedy i jak posiłek będzie podany. Ale to maluch decyduje, czy zje posiłek i ile go zje**. W tabelach na końcu książki podajemy orientacyjne wielkości porcji. Posiłki dopasowujemy do apetytu dziecka, sprawdzając regularnie jego przyrosty masy ciała. To zalecenie dotyczy zarówno produktów uzupełniających, jak i mleka. Piersią karmimy na żądanie, butelką... też!

Należy jednak pamiętać, że każde dziecko jest inne, ma inną wagę, tempo rozwoju oraz łaknienie. Dużo zależy też od płci, masy urodzeniowej, ruchliwości czy uwarunkowań genetycznych. Obserwujmy swoje pociechy, gdyż może się okazać, że proponowane porcje trzeba będzie zmienić. Dzieci do 1. roku życia kierują się instynktem. Zaufajmy temu instynktowi oraz naszemu zdrowemu rozsądkowi.

CO KAŻDY RODZIC WIEDZIEĆ POWINIEN

Czy można przekarmić dziecko?

O ile pokarmem kobiecym przekarmić nie sposób (nawet jeśli dziecko szybko przybiera na wadze, nic nie szkodzi), o tyle ze sztucznym karmieniem zwiększa się ryzyko otyłości. Jeśli maluch karmiony mlekiem modyfikowanym waży za dużo, należy skonsultować się z lekarzem i zastanowić się, jak zmienić sposób żywienia i technikę karmienia – np. podawać mleko łyżeczką.

Jak rozpoznać, że dziecko zjadło za mało?

Objawy głodu u dziecka to: płacz, nerwowe ruchy rąk i nóg, otwieranie ust, podążanie głową za łyżką, butelką, wskazywanie paluszkami na jedzenie. O nasyceniu świadczą: zasypianie, zwolnienie tempa jedzenia, zaprzestanie ssania, wypluwanie, odpychanie, zaciskanie ust przy zbliżeniu łyżeczki czy smoczka.

Jakie witaminy są niezbędne do rozwoju naszego maleństwa?

Witamina D

Wpływa na metabolizm wapnia i fosforu, to dzięki niej budują się kości. U dzieci europejskich jej częsty niedobór związany jest ze zbyt rzadką ekspozycją na słońce, czyli za częstym przebywaniem w domach, używaniem ubrań okrywających większość ciała. Dlatego witaminę D musimy podawać według wskazań lekarza już od pierwszych dni życia dziecka.

Witamina K

Jej niedobór może powodować zagrażające życiu krwotoki, kiedyś opisywane jako choroba krwotoczna noworodka. W 2008 roku zespół ekspertów opracował takie zalecenie:

Wszystkie noworodki po urodzeniu powinny otrzymywać witaminę K, zdrowe i donoszone 2 mg doustnie, lub 0,5 mg domięśniowo, noworodki z grupy ryzyka (np. poród zabiegowy) 0,5 mg domięśniowo. O szczegóły pytajmy lekarza pediatrę.

Dlaczego w prezentowanych w książce przepisach na zupy dla dzieci od 5. miesiąca życia stałym składnikiem potrawy jest kasza manna?

Według nowego schematu żywienia, aby zmniejszyć ryzyko celiakii, podajemy dziecku małe porcje glutenu: od 1/4 do 1/2 łyżeczki kaszki pszennej (ugotowanej kaszy manny lub glutenowej kaszki instant) od 5. miesiąca życia. Najlepiej rozpocząć, gdy dziecko jest jeszcze karmione mlekiem mamy. Dzięki takiemu sukcesywnemu przyzwyczajaniu organizmu do glutenu zmniejszamy niebezpieczeństwo wystąpienia u dzieci nietolerancji na ten składnik w późniejszym okresie. Pamiętajmy, że jeśli maluch karmiony mlekiem modyfikowanym otrzymał już z mlekiem kaszkę bądź kleik glutenowy, nie powinniśmy zagęszczać nią zupy. Malcom karmionym piersią należy codziennie dodawać niewielką ilość kaszki do zupy, dlatego tak wiele przepisów w książce zawiera kaszę mannę. Od 10. miesiąca życia możemy stopniowo wprowadzać produkty zbożowe, takie jak kasze glutenowe (np. jęczmienna perłowa, pęczak), mąka, pieczywo.

Jakie produkty są najlepszym źródłem żelaza?

Pokarmy bogate w żelazo, ważne dla rozwoju dziecka, to m.in.: czerwone mięso, żółtko jaja, suszone morele, natka pietruszki. Żelazo z produktów roślinnych jest inaczej przyswajalne niż to z produktów zwierzęcych. W związku z tym, że niektóre pokarmy mogą być wprowadzone dopiero w późniejszych miesiącach życia, zaleca się podawanie maluchom wzbogaconych żelazem kaszek i kleików. Znajdziemy je w sklepach z żywnością dla niemowląt.

Jakie rodzaje mięsa wprowadzamy do diety jako pierwsze?

Na początku należy podawać dziecku mięsa chude – kurczaka, indyka i od czasu do czasu królika. Następnie zalecane są: cielęcina, młody schab, wołowina i wieprzowina. Maluchowi nie zaszkodzi również mięso strusia czy kuropatwy. Kaczka i gęś są tłuste, dlatego można je serwować jedynie okazjonalnie. Podroby nie są zalecane w diecie niemowląt i dzieci do ukończenia przez nie 3. roku życia. Najważniejszy jest nie rodzaj, ale jakość mięsa. Powinno ono pochodzić z pewnych źródeł. Przyrządzajmy mięso ekologiczne (dostępne w gospodarstwach ekologicznych i sklepach ze zdrową żywnością) lub wiejskie z małych hodowli, w których nie stosuje się antybiotyków i hormonów (także w paszach). Jeśli nie mamy takiego źródła, rozważmy, czy nie zdać się na początek na mięso ze słoiczków dla dzieci. Może nie będzie takie smaczne jak domowe, ale na pewno przebadane. Na półkach sklepowych z łatwością odnajdziemy słoiczki z mięsem indyka lub kurczaka. W kolejnych miesiącach warto korzystać z produktów zakładów mięsnych, posiadających certyfikaty, m.in. ISO. Firmy takie regularnie poddają się zewnętrznym kontrolom.

Ryby zaczynamy wprowadzać tuż po tym, gdy włączymy mięso. Najlepsze są tłuste ryby morskie (śledź, łosoś, szprot). Maluchom nie podajemy ryb drapieżnych: rekina, tuńczyka, makreli. Serwujemy małe porcje ryby, początkowo tylko raz w tygodniu.

W jakiej formie podawać mięso dzieciom do 1. roku życia?

Mięso podajemy od 7. miesiąca życia. Początkowo ok. 10 g gotowanego mięsa dziennie dodanego do przecieru jarzynowego, pod koniec pierwszego roku – ok. 20 g.

Lekkostrawne jest mięso pieczone w folii, a także gotowane lub duszone. Nie wolno przygotowywać zupy na kościach, gdyż mogą się w nich znajdować metale ciężkie. Jeśli dziecko nie ma objawów alergii czy skazy białkowej mięsnej, pod koniec 8. lub w 9. miesiącu życia możemy czasem podawać wywar z mięsa. Nie dajmy się też namówić na kupno parówek czy specjalnych wędlin dla dzieci. Są one przeznaczone dla starszych dzieci, a i one powinny jeść wędliny rzadko.

Jakie pieczywo będzie najlepsze dla malucha?

Dziecko powinno poznać smak zarówno pieczywa pszennego, jak i ciemnego. Pieczywo ciemne bywa ciężkostrawne, dlatego na początku nie należy podawać go zbyt dużo. Nie dawajmy też od razu pieczywa z całymi ziarnami, aby maluszek się nie zakrztusił. Pamiętajmy, iż przed pierwszymi urodzinami wskazane są jedynie niewielkie ilości pieczywa, tak aby organizm malca mógł się przyzwyczaić do nowego pokarmu. Nie zapychajmy dziecka bułkami!

Czy potrawy dla młodszych niemowląt można podawać starszemu dziecku?

Nie ma żadnych przeciwwskazań, aby starsze niemowlę zjadło danie, które zostało wprowadzone do jego diety dużo wcześniej. Zwłaszcza jeśli należy ono do jego ulubionych. Dorośli również miewają ochotę na zupę przecierową czy utarte jabłko. Starajmy się jednak powoli, ale konsekwentnie rozszerzać jadłospis niemowlęcia i zmieniać konsystencję pokarmów, tak aby jego żołądek nauczył się tolerować nowe rodzaje i formy pożywienia.

Od kiedy wprowadzamy przetwory mleczne do diety dziecka ze zdiagnozowaną skazą białkową lub alergią pokarmową?

Produkty te można spróbować wprowadzić pomiędzy 12. a 24. miesiącem życia. Decyzję należy podjąć w porozumieniu z lekarzem prowadzącym lub pediatrą alergologiem.

Jakie produkty są najsilniejszymi alergenami?

Najsilniej alergizują: mleko krowie, kakao, truskawki, miód, orzechy, orzeszki ziemne (arachidowe), pszenica, jaja kurze (zwłaszcza białko), skorupiaki, czasami ryby. Produkty te należy podawać dziecku z największą ostrożnością, oddzielnie i po osiągnięciu odpowiedniego wieku. Nowości wprowadzamy pojedynczo, małymi porcjami (3–5 łyżeczek) i przez kilka dni obserwujemy dziecko, czy nie ma reakcji niepożądanych.

Co jest lepsze: gotowe dania w słoiczkach czy domowe jedzenie?

Gotowe dania w słoiczkach

Zalety

Gotowe dania w słoiczkach wytrzymają długą podróż i nie muszą być przechowywane w lodówce. Są także, według informacji producentów, podobno przebadane pod kątem niebezpiecznych dla zdrowia substancji i dostosowane do wieku dziecka. Nie wiadomo, w jaki sposób producenci badają tysiące ton dań w słoiczkach, ale kto ma ochotę, może temu dać wiarę na słowo. Można nawet wierzyć w zapewnienia z reklam. Dania te są tak zbilansowane, aby zapewnić maluchowi odpowiednią ilość składników odżywczych. Obecnie nie dodaje się do nich substancji, które są zakazane przez normy prawa wspólnotowego.

Wady

Niektóre potrawy ze słoików mogą mieć podobny, czasami dobry smak. Nadużywanie dań słoiczkowych może jednak spowodować, że maluchowi trudno będzie przyzwyczaić się po ich odstawieniu do zróżnicowanych smaków i konsystencji dań przygotowanych samodzielnie. Czasami nieco trudniej je dopasować do dziecka, gdy pojawią się oznaki alergii pokarmowej. Część tych produktów zawiera dużo marchwi i dlatego należy zadbać o różnorodność podawanych maluchowi gotowych dań. Ponadto bez wątpienia są dużo droższe niż podobna porcja posiłku przygotowana samodzielnie. W zdziwienie wprawia mnie ich nawet kilkuletni termin przydatności do spożycia. W odróżnieniu od domowych przetworów i potraw pasteryzowanych, nie znajdziemy prawdopodobnie ani jednego słoiczka, który się w tym czasie zepsuje. Dla mnie „laika słoiczkowego" pozostaje więc tajemnicą, dlaczego dania słoiczkowe, do których nie dodaje się podobno żadnych, albo prawie żadnych substancji chemicznych, wytrzymują upalne dni w tropikach, podczas gdy potrawy pasteryzowane, przygotowane samodzielne, narażą nas w takich warunkach na wizytę na ostrym dyżurze pediatrycznym.

Dania domowe

Zalety

Samodzielnie przyrządzane zupki będą zapewne smakowały dziecku bardziej niż te ze słoików. Jeśli ugotujemy warzywa na parze lub odpowiednio krótko w wodzie, to najprawdopodobniej będą miały tyle samo witamin, ile te ze słoików.

Własnoręczne przygotowywanie dań pozwala różnicować składniki oraz dopasować je do gustu oraz wymagań zdrowotnych dziecka. Ważne, abyśmy przyrządzali zróżnicowane potrawy. Dzięki temu zniwelujemy skutki ewentualnego błędnego zbilansowania posiłków.

Domowe obiadki możemy zamrozić w specjalnych wyparzonych pojemniczkach (polecamy te do przechowywania mleka). Ze względów bezpieczeństwa trzymamy je jednak w zamrażalniku nie dłużej niż tydzień.

Wady

Domowe jedzenie niesie ze sobą ryzyko dla zdrowia, zwłaszcza najmłodszych niemowląt, gdy wybiera się przypadkowe warzywa, owoce i mięso z niesprawdzonych źródeł. Produkty, po które sięgamy w pierwszych miesiącach rozszerzania diety, powinny pochodzić z upraw ekologicznych. Pod koniec 3. i w 4. kwartale życia dziecka możemy okazjonalnie zdecydować się na sezonowe owoce i niektóre (zwłaszcza niekorzeniowe) jarzyny z warzywniaka. Niesezonowe owoce i warzywa mogą być silnie pędzone i pryskane środkami chemicznymi.

Warto zatem samodzielnie przyrządzać posiłki, a w razie potrzeby sięgnąć po gotowe dania ze słoiczków.

Przyprawy – dodawać do potraw dla dzieci czy nie? A jeśli tak, to jakie?

Niemowlęta mają bardzo wyostrzony smak, dlatego nie należy przyprawiać dań tak jak dla dorosłych czy starszych dzieci. W pierwszych miesiącach rozszerzania diety w zupełności zadowoli je mdła zupka, przecier lub inne niedoprawione danie.

Pierwsze przyprawy w posiłkach dziecka powinny być przyprawami ziołowymi.

W 8. miesiącu możemy podać odrobinę majeranku, kminku, koperku (najlepiej suszonego), sezamu.

W 9. miesiącu można wzbogacić smak dań o takie przyprawy jak: tymianek, cząber, estragon, bazylia, rozmaryn, oregano.

W 10. miesiącu czas na czosnek, słodką paprykę, kolendrę, sól kamienną (nieoczyszczoną i w niewielkich ilościach), cynamon, szczypiorek, natkę pietruszki, koperek, rzeżuchę (świeże, ale nie ze szklarni).

Używając przypraw, pamiętajmy, aby dodawać ich jedynie odrobinę. Dziecko może bowiem nie zaakceptować nowego smaku, a niektóre przyprawy mogą okazać się alergenami.

Sól i pieprz

Odrobinę soli lub pieprzu możemy dodać do posiłku niemowlęcia, które ma 10 miesięcy. Warto się jednak zastanowić, czy użycie tych przypraw jest dla smaku dania naprawdę niezbędne. Pamiętajmy, że sól znajduje się w wielu pokarmach – mięsie, rybach, pieczywie, warzywach i niektórych owocach, a także w wodzie. Zapotrzebowanie dzieci na sól jest znikome, a substancja podana w zbyt dużych ilościach może być szkodliwa. Pieprz może zaś podrażnić żołądek i drogi oddechowe.

Jakie są zasady żywienia przeziębionego dziecka?

Może się zdarzyć, że przeziębione dziecko przez jakiś czas będzie niewiele jadło. Powinno za to dużo pić, zwłaszcza przy biegunce, wymiotach (wtedy konieczna jest konsultacja lekarska), wysokiej temperaturze albo podczas upałów. Gdy malec nie ma apetytu, najlepiej podawać lekkostrawne pokarmy, koniecznie ciepły obiad. W razie wystąpienia wysokiej temperatury ciała nie podajemy dziecku surowych soków owocowych. Często prowadzi to bowiem do wymiotów.

Jakie pokarmy powinno się podać maluchowi przy biegunce, a jakie przy zaparciach?

Przy biegunce nie jest wymagana bardzo restrykcyjna dieta. Dziecko powinno jeść lekkostrawne dania i nie objadać się. Pomogą produkty takie, jak: ryż, chrupki kukurydziane czy banan. Przy krótkotrwałych zaparciach stosujmy produkty bogate w błonnik. Dziecko musi przy tym sporo pić. Jeśli dieta po kilku dniach nie pomoże, poprośmy pediatrę o środki przeciw zaparciom dla dzieci.

Kiedy wprowadzić kubek niekapek?

Kubek niekapek próbujemy wprowadzić od samego początku podawania dodatkowych płynów. Gdy maluch będzie miał już 8 lub 9 miesięcy, zapewne nie zechce go prędko zaakceptować.

Kiedy uczyć dziecko jeść łyżeczką?

Dziecko uczymy jeść samodzielnie, gdy zaobserwujemy u niego wzrost koordynacji ruchowej. Ważne jest, czy już siedzi, czy umie rozdrabniać pokarmy, używając języka, czy ma odruch ssania, czy otwiera usta przy zbliżaniu łyżeczki. Opanowanie przez dziecko tych umiejętności oznacza, że można mu dawać produkty o określonej konsystencji i określonego typu. Do nauki jedzenia wybieramy potrawy kleiste, które przylegają do łyżeczki. Na początku możemy oczywiście pomagać mu w nabieraniu pokarmu. Na kilka tygodni przed nauką jedzenia łyżeczką warto, by maluch przy każdym karmieniu mógł się nią chwilę pobawić.

Na co zwracać uwagę, kupując produkty, z których przygotujemy posiłek dla niemowlęcia?

Niezwykle ważne jest źródło pochodzenia artykułów spożywczych. Należy używać produktów nieprzetworzonych przemysłowo, w najprostszej postaci. Przykładowo: jeśli kupujemy ser biały, sięgnijmy po zwykły, a nie ze śmietanką z pudełka. Jeżeli decydujemy się na jogurt, wybierzmy w 100% naturalny – bez cukru, nieodtłuszczony i bez dodatków (takich jak żelatyna).

Unikajmy konserwantów, barwników, aromatów, polepszaczy i wszelkich nienaturalnych dodatków wpływających na smak i wygląd potrawy, jak np. glutaminian sodu.

Powinniśmy też kupować produkty z małą ilością cukru, soli i ostrych przypraw oraz standardową zawartością tłuszczu.

Jak przygotować mieszankę mleczną dla niemowlaka?

Mieszankę należy przygotować tuż przed karmieniem. Wielkość porcji sugerowanej dla danego wieku dziecka została umieszczona w tabeli na końcu książki. Mieszanek nie należy przechowywać w termosach lub podgrzewaczach. Mogą skisnąć i zaszkodzić naszemu maleństwu. Można przechowywać w ten sposób podgrzaną wodę i dodać do niej proszek bezpośrednio przed karmieniem.

WSTĘP

Czy przygotowanie posiłku dla dziecka zajmuje dużo czasu?

Wprawionym w gotowaniu mamom pokrojenie warzyw i mięsa zajmuje zaledwie kilka minut. Potrawy najlepiej gotować pod przykrywką, w wysokim garnku, z którego nic nie wykipi. Wówczas możemy śmiało nastawić alarm w budziku, na czas gotowania, i zająć się swoimi sprawami.

Przyrządzenie zupki nie zajmie wiele więcej czasu niż podgrzanie gotowego dania w podgrzewaczu.

Zupkę łatwo schłodzić, wstawiając garnek (lub porcję) do innego pojemnika z zimną wodą czy wystawiając ją na dwór.

Uwaga: Niekiedy do podgrzewania potraw i słoiczków z gotowymi daniami wykorzystuje się kuchenkę mikrofalową. Pamiętajmy jednak, że wpływ mikrofal na właściwości pokarmów nie został jeszcze do końca zbadany.

Czy można potrawę dla dziecka zamrozić lub przechować w lodówce i serwować następnego dnia?

Młodszym dzieciom – dopiero rozpoczynającym przygodę ze stałymi pokarmami – podajemy wyłącznie świeżo przygotowane potrawy.

Jeśli maluch nie będzie miał problemów z układem pokarmowym, po kilku miesiącach możemy spróbować przyrządzić posiłek na dwa dni, lub mrozić zupki. Przechowywanie przetworzonych produktów może się jednak wiązać z utratą wartości odżywczych.

Uwaga: Zupki przechowujemy zamrożone przez maksymalnie dwa tygodnie. Jeśli nie jesteśmy pewni stałej temperatury i niezawodności naszego zamrażalnika, rozsądniej będzie skrócić czas mrożenia do tygodnia.

Potrawy rozmrożone muszą być spożyte tego samego dnia. Dania pozostawione w przykrytym pojemniku w lodówce należy zjeść na drugi dzień.

Poszczególne produkty, np. mleko modyfikowane, są opatrzone uwagami producenta co do sposobu przechowywania. Niektóre zalecenia mogą być problematyczne – głównie będzie to dotyczyło miękkich owoców leśnych, bananów itp. W takich sytuacjach warto kierować się więc zdrowym rozsądkiem.

Jakie urządzenia gospodarstwa domowego potrzebne są do samodzielnego gotowania dla niemowląt?

Niezbędnym narzędziem jest **blender** lub **malakser** o dużej mocy, przeznaczony do częstego siekania i miksowania. Przy wyborze sprzętu nie kierujmy się ceną, lecz zapytajmy sprzedawcę, które urządzenia będą odpowiednie do codziennego miksowania gęstych zupek bez narażania ich na zepsucie.

Przyda się także **sitko**, zwłaszcza jeśli planujemy przygotowywanie soku z owoców drobnopestkowych, jak maliny czy jagody, lub kisielu z wiśni.

Na pewno warto zaopatrzyć się w **tarkę** wykonaną z nierdzewnych materiałów. Można ją kupić w większości sklepów ze sprzętem kuchennym.

Przydatna będzie także szklana lub plastikowa **deska do krojenia**. Łatwo się ją myje i wyparza. Ze względów higienicznych lepiej nie stosować desek drewnianych.

Jeżeli będziemy używać **patelni**, postarajmy się, by nie była w środku porysowana ani przypalona.

Jeżeli mamy zamiar zamrażać zupki, pomocne będą szczelne **pudełeczka do przechowywania żywności**, lub zakręcane **pojemniki do przechowywania mleka matki**.

Dla mam, które nie potrafią odmierzać „na oko", ważnym zakupem będzie **elektroniczna waga kuchenna**.

Samodzielne gotowanie, nawet gdy trzeba kupić wymienione sprzęty, będzie z pewnością tańsze niż serwowanie gotowych potraw ze słoiczków, tym bardziej że starsze dzieci raczej nie będą chciały ich już jeść.

Czy gotując dla niemowląt, powinniśmy szczególnie dbać o higienę przygotowywania posiłków?

Zasady higieny przy gotowaniu dla niemowląt niewiele różnią się od zasad gotowania dla dorosłych, choć należy pamiętać, że organizm malucha jest znacznie bardziej wrażliwy.

Dbajmy o czystość miejsca, w którym przygotowujemy posiłki. Pamiętajmy o częstej wymianie gąbek i ściereczek.

Starajmy się nie używać drewnianych przyrządów kuchennych, które nasiąkają i gromadzą resztki produktów.

Dokładniej opłukujmy naczynia pod bieżącą wodą, dbając o usunięcie pozostałości płynów i innych środków chemicznych.

Nie przesadzajmy ze zbyt częstym wyparzaniem i dezynfekcją naczyń, chyba że nasz maluch ma obniżoną odporność lub problemy z układem pokarmowym.

Zasady postępowania z produktami surowymi – mięsem, jajkami itp. – są takie same jak u dorosłych. Nie zapomnijmy umyć rąk po kontakcie ze skorupkami jaj. To najczęstszy sposób zarażenia się salmonellą!

Dla kogo te smakołyki?

- potrawy dla dzieci od 5. miesiąca życia (karmionych mlekiem matki lub mlekiem modyfikowanym)

PO 4. MIESIĄCU

Pierwsza zupka marchewkowa

Porcja ok. 130–150 ml[1]

- **1 marchew (ok. 60 g)**
- **pół ziemniaka (ok. 40 g)**
- **pół łyżeczki oliwy z oliwek lub niskoerukowego oleju rzepakowego**
- **2 łyżeczki kleiku ryżowego**
- **pół szklanki wody[2]**

Umyte i obrane warzywa kroimy w grube talarki. Wkładamy do wrzątku i gotujemy pod przykryciem na niewielkim ogniu około 20 minut. Jeśli trzeba, dolewamy wody. Pod koniec gotowania dodajemy oliwę lub olej. Warzywa wyjmujemy, miksujemy z częścią wywaru, a następnie łączymy z pozostałym wywarem i kleikiem ryżowym. Ponownie zagotowujemy. Chłodzimy do temperatury 40–50°C.

Zupkę podajemy dziecku łyżeczką, a jeżeli nam się to nie uda, przez smoczek. Jeśli nie będzie mu smakować, możemy początkowo dodać miarkę mleka modyfikowanego (1), tak aby maluch mógł się przyzwyczaić do nowego smaku. Stopniowo zmniejszajmy ilość mleka.

Od 6. miesiąca życia można raz dziennie dodać do potraw kaszę mannę w ilości 2-3 g na 100 ml.

[1] Wielkość podawanych porcji jest jedynie propozycją sugerującą przybliżoną objętość posiłku. Pamiętajmy jednak, że każde dziecko jest inne i będzie jadło inną porcję zupki.

[2] Podana w przepisach ilość wody zapewne nie zostanie w całości zużyta do przygotowania zupki, ale dzięki temu nie będziemy musieli bez przerwy stać nad garnkiem i sprawdzać, czy zupka się nie przypala. Oczywiście tę ilość możemy w miarę wprawy zmniejszać. Zachowamy w produktach więcej substancji odżywczych. Naturalne wody służą do picia, nie do gotowania. Nie powinny być wykorzystywane do przygotowywania posiłków.

Pierwsza zupka jarzynowa

Porcja ok. 130–150 ml

- **1 marchew (ok. 50 g)**
- **pół ziemniaka (ok. 40 g)**
- **1/3 korzenia małej pietruszki (ok. 20 g)**
- **pół łyżeczki oliwy z oliwek lub niskoerukowego oleju rzepakowego**
- **pół szklanki wody**
- **2 łyżeczki kleiku ryżowego**

Umyte i obrane warzywa kroimy w grube talarki. Wkładamy do wrzątku i trzymamy pod przykryciem na niewielkim ogniu około 20 minut. Uzupełniamy wodę, jeśli się wygotuje. Pod koniec gotowania dodajemy oliwę lub olej. Ugotowane warzywa miksujemy z częścią wywaru, a następnie łączymy z pozostałym wywarem oraz ewentualnie kleikiem ryżowym do uzyskania konsystencji śmietany. Ponownie zagotowujemy.

Po schłodzeniu do temperatury 40–50°C zupkę podajemy dziecku łyżeczką, a jeśli się nie uda, to przez smoczek. Jeżeli nie będzie mu smakować, możemy początkowo dodać miarkę mleka modyfikowanego (1), tak aby mogło się przyzwyczaić do nowego smaku.

Druga zupka jarzynowa

Porcja ok. 150 ml

- **pół marchwi (ok. 40 g)**
- **pół ziemniaka (ok. 30 g)**
- **kawałek korzenia małej pietruszki (ok. 10 g)**
- **kilka różyczek brokułów (ok. 30 g)**
- **kawałek jabłka (ok. 10 g)**
- **pół łyżeczki oliwy z oliwek lub niskoerukowego oleju rzepakowego**
- **2/3 szklanki wody**
- **1 łyżeczka kleiku ryżowego**

Umyte i obrane warzywa oraz jabłko kroimy na duże kawałki. Wkładamy do wrzątku i trzymamy pod przykryciem na niewielkim ogniu około 10 minut. Dodajemy pokrojone brokuły i gotujemy jeszcze 10 minut. Jeśli trzeba, dolewamy wody. Pod koniec gotowania dodajemy oliwę lub olej. Warzywa i jabłko miksujemy z częścią wywaru, a następnie łączymy z pozostałym wywarem oraz ewentualnie z kleikiem ryżowym. Ponownie zagotowujemy.

Po schłodzeniu do temperatury 40–50°C zupkę podajemy dziecku łyżeczką, a jeśli się nie uda, to przez smoczek.

Drugą zupkę jarzynową można podawać dziecku kilka dni po pierwszej.

Zupka z dyni

Porcja ok. 150–160 ml

- **kawałek słodkiej dyni (ok. 50 g)**
- **kawałek słodkiej marchwi (ok. 20 g)**
- **kawałek korzenia pietruszki (ok. 20 g)**
- **pół ziemniaka (ok. 40 g)**
- **pół łyżeczki oliwy z oliwek**
- **2/3 szklanki wody**

Umyte i obrane warzywa kroimy na kawałki. Wkładamy do wrzątku i trzymamy pod przykryciem na niewielkim ogniu około 20 minut, aż będą miękkie. Jeśli trzeba, dolewamy wody, tak by warzywa się nie przypiekły. Pod koniec gotowania dodajemy oliwę lub olej. Ugotowane warzywa miksujemy z częścią wywaru. Ponownie zagotowujemy.

Po schłodzeniu do temperatury 40–50°C zupkę podajemy dziecku łyżeczką, a jeśli się nie uda, to przez smoczek.

Owocowa zebra

Porcja ok. 130–150 ml

- **2 miarki mleka modyfikowanego (1)**
- **60 ml wody**
- **10 łyżeczek kleiku ryżowego**
- **ok. 60–70 g gotowego deseru ze słoiczka (jabłka z jagodami) przeznaczonego dla dzieci od 5. miesiąca życia**

Mleko przygotowujemy według przepisu podanego na opakowaniu i mieszamy z kleikiem ryżowym, tak aby powstała gęsta papka. Na spód szklanej miseczki lub szklanki z grubego szkła kładziemy warstwę kleiku, a na nią część owoców ze słoiczka. Układamy kolejne warstwy, ostatnią powinny stanowić owoce.

Przecier z jabłka

Porcja 50–60 ml

- 1 małe słodkie jabłko
- 2 łyżeczki kleiku ryżowego

Jabłko myjemy, obieramy i miksujemy. Dodajemy kleik ryżowy.

5

Potrawy proponowane dla maluchów:

- od 6. miesiąca życia (karmionych mlekiem matki lub mlekiem modyfikowanym)

Zupka jarzynowa z mięsem, cukinią lub kabaczkiem

Porcja ok. 170 ml

- **pół marchwi (ok. 40 g)**
- **pół ziemniaka (ok. 30 g)**
- **kilka różyczek brokułów (ok. 30 g)**
- **kawałek cukinii bez pestek lub kabaczka (ok. 30 g)**
- **20 g mięsa kurczaka lub indyka bez tłuszczu[1] (tak aby po ugotowaniu zostało ok. 10 g)[2]**
- **1 łyżeczka oliwy z oliwek lub niskoerukowego oleju rzepakowego**
- **niepełna łyżeczka kaszy manny (4–5 g)**
- **szklanka wody**

Umyte i obrane warzywa kroimy w grube talarki. Wrzucamy do wrzątku i trzymamy pod przykryciem na niewielkim ogniu około 10 minut. Dodajemy pokrojone brokuły i cukinię lub kabaczek. Gotujemy jeszcze około 10 minut. Jeśli trzeba, dolewamy wody. Na 5 minut przed końcem gotowania wsypujemy kaszę mannę. Dodajemy oliwę lub olej. Osobno gotujemy mięso, co najmniej 20 minut. Ugotowane warzywa z częścią wywaru warzywnego miksujemy z mięsem, a następnie łączymy z pozostałym wywarem warzywnym aż uzyskamy papkowatą konsystencję. Ponownie zagotowujemy.

Po schłodzeniu do temperatury 40–50°C zupkę podajemy maluchowi silikonową łyżeczką. Jeśli dziecko zje tylko odrobinę zupki z łyżeczki, a resztę z butelki, powinniśmy przygotować nieco rzadszą zupę, tak aby woda stanowiła najwyżej ⅓ wagi warzyw.

[1] Wywar z mięsa jest jednym z potencjalnych alergenów.

[2] 10 g mięsa to mniej więcej kulka wielkości orzecha włoskiego. Podanych ilości mięsa, najlepszego źródła żelaza, raczej nie należy zmniejszać; większe ilości są dopuszczalne, w przypadku gdy dziecko z apetytem domaga się całej porcji. Nic się zatem nie stanie, jeśli zanim ustalimy, ile malec zjada, do potrawy dodamy 5–10 g mięsa więcej. Dzieci rzadko kiedy zjadają całą porcję, ale może się okazać, że nasz głodomór będzie miał ochotę na więcej. Z czasem bez trudu wyważymy proporcje, nawet jeśli nie dysponujemy wagą kuchenną.

Zupka z dyni i indyka

Porcja ok. 170 ml

- **pół marchwi (ok. 30 g)**
- **pół ziemniaka (ok. 40 g)**
- **kawałek dyni bez pestek (ok. 60 g)**
- **20 g mięsa kurczaka lub indyka bez tłuszczu (tak aby po ugotowaniu zostało 10 g)**
- **pół łyżeczki oliwy z oliwek lub niskoerukowego oleju rzepakowego**
- **niepełna łyżeczka kaszy manny (4–5 g)**
- **szklanka wody**

Umyte i obrane warzywa kroimy na duże kawałki. Wrzucamy do wrzątku i trzymamy pod przykryciem na niewielkim ogniu około 10 minut. Dodajemy dynię i gotujemy mniej więcej 10 minut. Jeśli trzeba, dolewamy wody. Na 5 minut przed końcem gotowania wsypujemy kaszę mannę. Dodajemy oliwę lub olej. Osobno gotujemy mięso, co najmniej 20 minut. Ugotowane warzywa miksujemy z częścią wywaru warzywnego i mięsem, a następnie łączymy z pozostałym wywarem warzywnym, aż uzyskamy papkowatą konsystencę. Ponownie zagotowujemy.

Po schłodzeniu do temperatury 40–50°C zupkę podajemy maluchowi silikonową łyżeczką.

Zupka jarzynowa z mięsem i soczewicą

Porcja ok. 180 ml

- **pół marchwi (ok. 40 g)**
- **pół małego ziemniaka (ok. 20 g)**
- **kilka różyczek brokułów (ok. 30 g)**
- **kawałek cukinii bez pestek lub kabaczka (ok. 30 g)**
- **20 g mięsa kurczaka lub indyka bez tłuszczu (tak aby po ugotowaniu zostało 10 g)**
- **1 łyżeczka oliwy z oliwek lub niskoerukowego oleju rzepakowego**
- **niepełna łyżeczka kaszy manny (4–5 g)**
- **2 płaskie łyżeczki soczewicy czerwonej**
- **szklanka wody**

Umyte i obrane warzywa kroimy na duże kawałki lub w talarki. Wkładamy do wrzątku, wsypujemy soczewicę i gotujemy pod przykryciem na niewielkim ogniu mniej więcej 10 minut, aż będą miękkie. Dodajemy pokrojone brokuły i cukinię lub kabaczek. Gotujemy kolejne 10 minut. Jeśli trzeba, dolewamy wody. Na 5 minut przed końcem gotowania wsypujemy kaszę mannę. Dodajemy oliwę lub olej. Osobno gotujemy mięso, co najmniej 20 minut. Ugotowane warzywa z częścią wywaru warzywnego miksujemy z mięsem, a następnie łączymy z pozostałym wywarem warzywnym, aż do uzyskania konsystencji papki. Ponownie zagotowujemy.

Po schłodzeniu do temperatury 40–50°C zupkę podajemy dziecku silikonową łyżeczką.

Najprostszy kisiel z soczku z owoców

Porcja ok. 150 ml

- **ok. 150 ml gotowego soczku dla niemowląt z owoców bez dodatku cukru (np. żurawina, maliny, jagody, jabłka)**
- **2 łyżeczki mąki ziemniaczanej**
- **2 łyżki zimnej wody**

Soczek wlewamy do rondelka i gotujemy. Mąkę rozprowadzamy w niewielkiej ilości zimnej wody i powoli wlewamy do soczku. Trzymamy na ogniu kilka minut, często mieszając. Chłodzimy.

Przecier z jabłka i jagód

Porcja 50–60 ml

- 1 małe słodkie jabłko
- 1 płaska łyżka jagód
- 2 łyżeczki kleiku ryżowego

Jabłko myjemy i obieramy. Jagody myjemy i przelewamy wrzątkiem. Owoce miksujemy i dodajemy kleik ryżowy.

Pyszne posiłki dla dzieci:

- karmionych mlekiem modyfikowanym i mlekiem matki od 7. miesiąca życia

6

Zupka jarzynowa z mięsem i żółtkiem

Porcja ok. 180 ml

- **pół marchwi (ok. 40 g)**
- **pół ziemniaka (ok. 30 g)**
- **kilka małych różyczek brokułów (ok. 40 g)**
- **kawałek korzenia pietruszki (ok. 10 g)**
- **kawałek pora (ok. 5 g)[1]**
- **20 g mięsa kurczaka lub indyka bez tłuszczu (tak aby po ugotowaniu zostało 10 g)**
- **1 łyżeczka masła[2]**
- **niepełna łyżeczka kaszy manny (4–5 g)**
- **pół ugotowanego żółtka jajka[3] kurzego[4]**
- **szklanka wody**

Umyte i obrane warzywa kroimy w duże cząstki lub talarki. Wkładamy do wrzątku i trzymamy pod przykryciem na niewielkim ogniu 10 minut. Dodajemy pokrojone brokuły oraz por i gotujemy 10 minut. Na 5 minut przed końcem gotowania wsypujemy kaszę mannę. Jeśli woda się wygotuje, dolewamy jej do poziomu warzyw. Osobno gotujemy mięso, co najmniej 20 minut. Ugotowane warzywa miksujemy z częścią wywaru warzywnego, z mięsem bez wywaru i żółtkiem. Następnie dodajemy masło i łączymy z pozostałym wywarem warzywnym do uzyskania konsystencji papki i ponownie gotujemy.

Po schłodzeniu do temperatury około 50°C zupkę podajemy dziecku łyżeczką.

[**1**] U dzieci, u których podejrzewamy alergię lub których rodzice dotknięci są alergią pokarmową, por należy podać w 9.–10. miesiącu życia.

[**2**] U maluchów ze skazą białkową, alergią czy nietolerancją laktozy, w pierwszych miesiącach rozszerzania diety dziecka o produkty z menu dorosłych, masło należy wprowadzać ostrożnie. Można je zastąpić olejem lub oliwą.

[**3**] Unikajmy podawania dziecku jajek pochodzących z dużych ferm. Godne polecenia są jaja ekologiczne, wiejskie, od kur wolnowybiegowych. W ostatnim czasie popularne i stosunkowo łatwo dostępne są ekologiczne jajka od zielononóżki kuropatwianej.

[**4**] Początkowo podajemy dziecku tylko żółtko. Według nowych wytycznych już od 7. miesiąca życia możemy włączyć do diety dziecka całe jajko, oczywiście ugotowane. W poprzednim schemacie żywienia opis wprowadzania żółtka (w 7. miesiącu) i białka (w 11.–12. miesiącu) był bardzo skomplikowany.

Zupka marchwiowo--ziemniaczana z jajkiem

Porcja ok. 180 ml

- **1 marchew (ok. 60 g)**
- **1 ziemniak (ok. 60 g)**
- **1 łyżeczka posiekanej białej części pora (ok. 15 g)**
- **2 łyżeczki kleiku kukurydzianego**
- **1 łyżeczka masła**
- **ćwierć ugotowanego jajka kurzego (ok. 10 g)**
- **niepełna łyżeczka kaszy manny (4 g)**
- **szklanka wody**

Umyte i obrane warzywa kroimy w duże, równe cząstki lub talarki. Wkładamy do wrzątku i trzymamy pod przykryciem na niewielkim ogniu około 20 minut. Na 5 minut przed końcem gotowania dodajemy kaszę mannę. Jeśli trzeba, dolewamy wody. Ugotowane warzywa i jajko miksujemy z częścią wywaru warzywnego, dodajemy masło, kleik, a następnie łączymy z pozostałym wywarem warzywnym, aż uzyskamy konsystencję papki. Mieszamy i ponownie gotujemy.

Po schłodzeniu do temperatury około 50°C zupkę podajemy dziecku łyżeczką.

Zupka jabłkowo--marchewkowa z kurczakiem

Porcja ok. 170–180 ml

- **20 g mięsa kurczaka lub indyka bez tłuszczu (tak aby po ugotowaniu zostało ok. 10 g)**
- **1 marchew (ok. 70 g)**
- **1 małe jabłko (ok. 50 g)**
- **4 łyżeczki kleiku ryżowego**
- **1 łyżeczka oliwy z oliwek lub niskoerukowego oleju rzepakowego**
- **niepełna łyżeczka kaszy manny (4–5 g)**
- **szklanką wody**

Umytą i obraną marchew kroimy w grube talarki, a jabłko na duże kawałki. Marchew wrzucamy do wrzątku i gotujemy pod przykryciem na niewielkim ogniu około 20 minut. Na 5 minut przed końcem gotowania dodajemy jabłko oraz kaszę mannę, chwilę później tłuszcz i kleik. Osobno gotujemy mięso (co najmniej 20 minut). Całość miksujemy w malakserze. Ponownie gotujemy.

Po schłodzeniu do temperatury około 50°C zupkę podajemy dziecku łyżeczką. W razie potrzeby dolewamy przegotowanej wody, aby uzyskać odpowiednią objętość.

Zupka brokułowa z jajkiem

Porcja ok. 180 ml

- **4 różyczki mrożonych brokułów (ok. 50 g)**
- **pół marchwi (ok. 30 g)**
- **kawałek małej pietruszki (ok. 20 g)**
- **pół ziemniaka (ok. 40 g)**
- **ćwierć ugotowanego jajka kurzego**
- **1 łyżeczka oliwy z oliwek lub oleju rzepakowego niskoerukowego**
- **niepełna łyżeczka kaszy manny (4–5 g)**
- **szklanka wody**

Umyte i obrane warzywa kroimy w duże cząstki lub talarki. Wkładamy do wrzątku i trzymamy pod przykryciem na niewielkim ogniu mniej więcej 10 minut. Dodajemy pokrojone brokuły i gotujemy kolejne 10 minut. Na 5 minut przed zdjęciem garnka z ognia wsypujemy kaszę mannę. Jeśli trzeba, dolewamy wody. Ugotowane warzywa miksujemy z częścią wywaru warzywnego i jajkiem, dodajemy tłuszcz, a następnie łączymy z pozostałym wywarem warzywnym do uzyskania konsystencji papki. Gotujemy ponownie.

Po schłodzeniu do temperatury około 50°C zupkę podajemy dziecku łyżeczką.

Słodka buraczana zupka jarzynowa

Porcja ok. 180 ml

- **3 cienkie plastry średniego buraka[1] (ok. 90 g)**
- **pół ziemniaka (ok. 30 g)**
- **pół marchwi (ok. 30 g)**
- **20 g mięsa indyka lub kurczaka bez skórki (tak aby po ugotowaniu zostało 10 g)**
- **1 mała łyżeczka oliwy z oliwek lub niskoerukowego oleju rzepakowego**
- **niepełna łyżeczka kaszy manny (4–5 g)**
- **szklanka wody**
- **szczypta posiekanego koperku do smaku**
- **kawałek słodkiego jabłka, jeśli buraki nie są słodkie**

Umyte i obrane warzywa kroimy w duże cząstki lub talarki. Wrzucamy do wrzątku i trzymamy pod przykryciem na niewielkim ogniu około 20 minut. Jeśli trzeba, dolewamy wody. Na 5 minut przed końcem gotowania wsypujemy kaszę mannę. Osobno gotujemy mięso, co najmniej 20 minut. Warzywa i mięso miksujemy z częścią wywaru warzywnego i tłuszczem, a następnie łączymy z pozostałym wywarem warzywnym, aż do uzyskania konsystencji papki. Posypujemy koperkiem i ponownie gotujemy.

Po schłodzeniu do temperatury około 50°C zupkę podajemy dziecku łyżeczką.

[1] U dzieci, u których podejrzewamy alergię lub których rodzice dotknięci są alergią pokarmową, buraki należy podać w 10. miesiącu życia.

Jarzynka i cielęcinka

Porcja ok. 160–170 g

- **pół marchwi (ok. 40 g)**
- **kawałek cukinii lub kabaczka (ok. 30 g)**
- **3 fasolki szparagowe bez łyka (ok. 30 g)**
- **pół ziemniaka (ok. 40 g)**
- **pół łyżeczki natki pietruszki**
- **1 łyżeczka oliwy z oliwek**
- **ok. 20 g mięsa cielęcego[1] (tak aby po ugotowaniu zostało ok. 10 g)**
- **niepełna łyżeczka kaszy manny (ok. 4 g)**
- **szklanka wody**

Umyte i obrane warzywa kroimy w duże cząstki lub talarki. Wrzucamy do wrzątku i trzymamy pod przykryciem na niewielkim ogniu około 20 minut. Jeśli trzeba, dolewamy wody. Na mniej więcej 8 minut przed końcem gotowania wkładamy cukinię lub kabaczek i wsypujemy kaszę mannę. Osobno gotujemy mięso, co najmniej 20 minut. Ugotowane warzywa, oliwę oraz mięso miksujemy z niewielką ilością wywaru warzywnego. Dodajemy pietruszkę, mieszamy i jeszcze raz zagotowujemy. Danie powinno mieć nieco gęściejszą konsystencję niż zupka.

Po schłodzeniu do temperatury około 50°C danie podajemy dziecku łyżeczką.

[1] U dzieci, u których podejrzewamy alergię lub których rodzice dotknięci są alergią pokarmową, cielęcina może wywoływać reakcje alergiczne.

Królik skacze w kalarepie

Porcja ok. 160–170 g

- 1 ziemniak (ok. 50 g)
- kawałek kalarepy (ok. 100 g)
- ok. 25 g mięsa królika (tak aby po ugotowaniu zostało ok. 12 g)
- 1 łyżeczka masła
- niepełna łyżeczka kaszy manny (4 g)
- 2/3 szklanki wody

Umyte i obrane warzywa kroimy w duże cząstki lub talarki. Wrzucamy do wrzątku i trzymamy pod przykryciem na niewielkim ogniu około 20 minut. Jeśli trzeba, dolewamy wody. Na 5 minut przed końcem gotowania wsypujemy kaszę mannę. Osobno gotujemy mięso, co najmniej 20 minut. Ugotowane warzywa miksujemy z mięsem, masłem oraz niewielką ilością wywaru warzywnego. Danie powinno mieć nieco gęściejszą konsystencję niż zupka. Gotujemy ponownie.

Po schłodzeniu do temperatury około 50°C danie podajemy dziecku łyżeczką.

Krem z brokułów

Porcja ok. 70 g

- **brokuły (ok. 60 g)**
- **20 ml mleka modyfikowanego następnego (2)**
- **1 łyżeczka masła**
- **pół szklanki wody**

Umyte brokuły dzielimy na średniej wielkości różyczki. Wkładamy do wrzątku i gotujemy, aż będą miękkie. Warzywa wyjmujemy z garnka, odcedzamy i dokładnie rozgniatamy. Następnie ponownie wkładamy do garnka, dodajemy mleko i masło. Podgrzewamy, ciągle mieszając.

Krem z brokułów podajemy z ugotowanym i drobno posiekanym chudym mięsem oraz z ziemniakami.

Risotto dla malucha

Porcja ok. 160–170 g

- **ok. 25 g piersi kurczaka (tak aby po ugotowaniu zostało ok. 12 g)**
- **3 łyżki kleiku ryżowego**
- **1 marchew (ok. 80 g)**
- **niepełna łyżeczka kaszy manny (4 g)**
- **1 łyżeczka masła**
- **pół szklanki wody**

Umytą i obraną marchew kroimy w duże, równe cząstki lub talarki. Wrzucamy do wrzątku i trzymamy pod przykryciem na niewielkim ogniu około 20 minut. Jeśli trzeba, dolewamy wody. Osobno gotujemy mięso, co najmniej 20 minut. Na 5 minut przed końcem gotowania wsypujemy kaszę mannę. Warzywa, kleik i mięso miksujemy z niewielką ilością wywaru warzywnego i z masłem. Danie powinno mieć nieco gęściejszą konsystencję niż zupka. Gotujemy ponownie.

Po schłodzeniu do temperatury około 50°C danie podajemy łyżeczką.

Krem z kalafiora, cukinii i brokułów

Porcja ok. 100 g

- **kalafior, brokuły i cukinia w dowolnych proporcjach (ok. 120 g)**
- **2–3 łyżeczki kleiku ryżowego**
- **1 łyżeczka masła**
- **pół łyżeczki kaszy manny (2–3 g)**
- **2 łyżeczki soku jabłkowego**
- **pół szklanki wody**

Umyte i obrane warzywa (w kolejności: kalafior, brokuły, cukinia) wrzucamy w odstępach pięciominutowych do wrzątku i gotujemy pod przykryciem na małym ogniu około 20 minut. Na 5 minut przed końcem gotowania wsypujemy kaszę mannę. Odlewamy wodę. Dodajemy kleik, sok i masło. Miksujemy i ponownie zagotowujemy.

Studzimy do temperatury około 50°C i podajemy łyżeczką.

Krem można serwować z połową rozdrobnionego, ugotowanego jajka i gotowanym ziemniakiem.

Koktajl mleczno-owocowy

Porcja ok. 150 ml

- **3 miarki mleka modyfikowanego (2)**
- **90 ml wody**
- **pół jabłka (ok. 40–50 g)**
- **8 malin**

Umyte i obrane owoce przelewamy wrzątkiem. Gotujemy i studzimy wodę, aby nie była zbyt gorąca, lecz ciepła. Dodajemy mleko modyfikowane, dokładnie mieszamy i miksujemy z owocami.

Malinowe marzenia

Porcja ok. 70 ml

- 2/3 szklanki dojrzałych malin
- 4 łyżeczki kleiku ryżowego

Maliny myjemy, przelewamy wrzątkiem. Przecieramy przez sitko, aby pozbyć się pestek. Dodajemy kleik ryżowy, mieszamy.

Smakowite potrawy dla maluszków:

- karmionych mlekiem modyfikowanym i mlekiem matki od 8. miesiąca życia

Zupka z rodzynkami

Porcja ok. 190 ml

- **pół ziemniaka (ok. 30 g)**
- **1 marchew (ok. 50 g)**
- **3 fasolki szparagowe (ok. 30 g)**
- **kawałek selera lub pietruszki (ok. 20 g)**
- **30 g cielęciny (tak aby po ugotowaniu zostało ok. 15 g)**
- **4 rodzynki królewskie lub 6 sułtanek[1]**
- **1 łyżeczka oliwy z oliwek**
- **2 łyżeczki kaszy manny (ok. 11 g)**
- **szklanka wody**

Umyte i obrane warzywa kroimy na duże, równe kawałki. Wrzucamy do wrzątku razem z rodzynkami i trzymamy pod przykryciem na niewielkim ogniu około 20 minut. Jeśli trzeba, dolewamy wody. Na 5 minut przed końcem gotowania wsypujemy kaszę mannę. Mięso gotujemy osobno, co najmniej 20 minut. (Dzieciom, u których nie podejrzewamy alergii, możemy pod koniec 8. miesiąca życia spróbować przygotować mięso razem z warzywami). Wyjmujemy warzywa i miksujemy je z mięsem, rodzynkami, oliwą i częścią wywaru, a następnie łączymy z pozostałym wywarem warzywnym, aby uzyskać papkowatą konsystencję.

Po schłodzeniu do temperatury około 50°C zupkę podajemy dziecku łyżeczką.

[1] Na rynku dostępne są warte polecenia bakalie ekologiczne.

Zupka z zielonym groszkiem

Porcja ok. 190 ml

- **pół ziemniaka (ok. 40 g)**
- **1 marchew (ok. 50 g)**
- **kawałek korzenia pietruszki (ok. 20 g)**
- **1 łyżka mrożonego zielonego groszku (ok. 20 g)**
- **1 lub 2 cienkie zielone szparagi (ok. 20 g)**
- **1 łyżeczka masła (5 g)[1]**
- **2 łyżeczki kaszy manny (ok. 11 g)**
- **niepełna szklanka wody**

Umyte i obrane warzywa kroimy w dużą kostkę. Wrzucamy do wrzątku i trzymamy pod przykryciem na niewielkim ogniu około 20 minut. Jeśli trzeba, dolewamy wody. Na 10 minut przed końcem gotowania dodajemy groszek, a 5 minut później wsypujemy kaszę mannę. Wyjmujemy warzywa i miksujemy je z masłem i odrobiną wywaru, a następnie łączymy z pozostałym wywarem warzywnym do uzyskania papkowatej konsystencji.

Po schłodzeniu do temperatury około 50°C zupkę podajemy dziecku łyżeczką.

[1] U maluchów ze skazą białkową, alergią czy nietolerancją laktozy, w trakcie rozszerzania diety dziecka o produkty z menu dorosłych, masło należy wprowadzać ostrożnie. Można je zastąpić olejem lub oliwą.

Najsmaczniejsza zupka jarzynowa z brzoskwinią i mięsem

Porcja ok. 190 ml

- **pół małej (lub ćwiartka dużej) brzoskwini (ok. 30 g)**
- **pół ziemniaka (ok. 30 g)**
- **pół marchwi (ok. 40 g)**
- **2 fasolki szparagowe bez łyka (ok. 20 g)**
- **mięso indyka – najlepiej pulpet z mielonego mięsa z uda i piersi indyka pół na pół (ok. 40 g, tak aby po ugotowaniu zostało ok. 15 g)**
- **kawałek kalarepy lub cukinii (ok. 20 g)**
- **1 łyżeczka oliwy z oliwek lub niskoerukowego oleju rzepakowego**
- **2 łyżeczki kaszy manny (ok. 11 g)**
- **szklanka wody**

Umyte i obrane warzywa kroimy na kawałki lub w grube talarki. Wkładamy do wrzątku i gotujemy pod przykryciem na niewielkim ogniu około 20 minut. Kalarepę lub cukinię dodajemy w połowie gotowania, a brzoskwinię oraz kaszę mannę 5 minut później. Mięso gotujemy osobno, co najmniej 20 minut. (Dzieciom, u których nie podejrzewamy alergii, możemy pod koniec 8. miesiąca życia spróbować przygotować mięso razem z warzywami). Odkładamy plasterek ziemniaka, kawałek marchwi, jedną fasolkę, kawałek kalarepy lub cukinii. Pozostałe warzywa i brzoskwinię miksujemy z częścią wywaru warzywnego, tłuszczem i mięsem, a następnie łączymy z pozostałym wywarem warzywnym, aby uzyskać papkowatą konsystencję. Przelewamy zupkę do miseczki i dodajemy do niej rozgniecione warzywa, które wcześniej odłożyliśmy (dziecko będzie uczyło się je gryźć).

Maluszkowi zniecierpliwionemu czekaniem na obiad możemy dać do rączki odłożoną na bok ugotowaną fasolkę szparagową.

Po schłodzeniu do temperatury około 50°C zupkę podajemy łyżeczką.

Zupka jarzynowa z kaszą gryczaną, mięsem i jajkiem

Porcja ok. 190 ml

- **1 łyżka kaszy gryczanej białej niepalonej**
- **pół marchwi (ok. 40 g)**
- **1/3 korzenia pietruszki lub kawałek selera (ok. 20 g)**
- **30 g mięsa kurczaka, indyka, jagnięciny, królika lub cielęciny[1] (tak aby po ugotowaniu zostało 15 g)**
- **pół małego jabłka (ok. 30 g)**
- **kawałek kalarepy (ok. 20 g)**
- **1 łyżeczka oliwy z oliwek lub niskoerukowego oleju rzepakowego**
- **ćwierć ugotowanego jajka kurzego**
- **2 łyżeczki kaszy manny (ok. 11 g)**
- **szklanka wody**
- **szczypta posiekanego koperku do smaku**

Umyte i obrane warzywa kroimy na kawałki lub w grube talarki. Wrzucamy do wrzątku z kaszą i trzymamy pod przykryciem na niewielkim ogniu około 20 minut. Na 5 minut przed końcem gotowania dodajemy jabłko oraz kaszę mannę. Mięso gotujemy osobno, co najmniej 20 minut. (Dzieciom, u których nie podejrzewamy alergii, możemy pod koniec 8. miesiąca życia spróbować przygotować mięso razem z warzywami). Odkładamy kawałek marchwi i kawałek kalarepy. Ugotowane warzywa miksujemy z częścią wywaru warzywnego, jabłkiem, kaszą, tłuszczem i mięsem, a następnie łączymy z pozostałym wywarem warzywnym do uzyskania papkowatej konsystencji. Przelewamy zupkę do miseczki i dodajemy do niej rozgniecione warzywa, które wcześniej odłożyliśmy, i jajko (maluch uczy się gryźć). Możemy posypać koperkiem.

Po schłodzeniu do temperatury około 50°C zupkę podajemy dziecku łyżeczką.

[1] U dzieci, u których podejrzewamy alergię lub których rodzice dotknięci są alergią pokarmową, cielęcina czasami może wywoływać reakcje alergiczne.

Miks ziemniaczano--pasternakowy

Porcja ok. 170 g

- pół ziemniaka (ok. 40 g)
- 1 korzeń pasternaku (ok. 70 g)
- pół marchwi (ok. 40 g)
- ćwierć ugotowanego jajka kurzego
- 1 łyżeczka masła
- 1 łyżka soku z jabłek
- 2 niepełne łyżeczki kaszy manny (ok. 10 g)
- szklanka wody
- szczypta posiekanego koperku do smaku

Umyte i obrane warzywa kroimy na kawałki i w grube talarki. Wrzucamy do wrzątku i trzymamy pod przykryciem na niewielkim ogniu około 20 minut. Na 5 minut przed końcem gotowania wsypujemy kaszę mannę. Odkładamy kawałek ziemniaka i pasternaku. Wyjmujemy warzywa i miksujemy je z częścią wywaru warzywnego, sokiem jabłkowym, masłem i jajkiem, następnie łączymy z pozostałym wywarem warzywnym do uzyskania papkowatej konsystencji. Dodajemy łyżeczkę masła. Danie przekładamy do miseczki i dodajemy rozgniecione jarzyny, które wcześniej odłożyliśmy. Możemy posypać koperkiem.

Po schłodzeniu do temperatury około 50°C danie podajemy dziecku łyżeczką.

Gotowane warzywa

Porcja ok. 180 g

- **pół słodkiej marchwi (ok. 30 g)**
- **2 cienkie zielone szparagi (ok. 30 g)**
- **kilka różyczek brokułów (ok. 40 g)**
- **kawałek cukinii bez pestek (ok. 60 g)**
- **kawałek kalarepy (ok. 40 g)**
- **1 łyżeczka masła**
- **2/3 szklanki wody**

Umyte i obrane warzywa kroimy na kilka równych części i gotujemy na parze. Jeśli nie mamy parowaru, warzywa wrzucamy do wrzątku i gotujemy je około 15 minut, aż będą miękkie (brokuły i cukinię wyjmujemy 5 minut wcześniej). Gorące mieszamy z masłem w miseczce.

Podczas gotowania warzywa tracą nieco na wadze. Sprzyja temu także sprawdzanie, czy są miękkie.

Dzieciom mającym już ząbki podajemy kawałki warzyw. Tym, które nie potrafią jeszcze dobrze gryźć, rozdrabniamy warzywa widelcem. Jarzyny możemy łączyć ze zmiksowanym ugotowanym mięsem, a w późniejszych miesiącach serwować jako samodzielne drugie danie lub z innymi dodatkami.

Purée z kiwi

Porcja ok. 60 ml

- **1 dojrzałe kiwi**
- **2 łyżeczki kleiku ryżowego**

Obrane kiwi rozgniatamy widelcem lub ścieramy na tarce i łączymy z kleikiem ryżowym.

Jeśli dziecko nie toleruje kiwi z powodu zawartej w nim dużej ilości kwasów owocowych, możemy zrezygnować z podawania tego owocu i wprowadzić go w 10. lub 11. miesiącu życia.

Kisiel na mleku modyfikowanym

Porcja ok. 90 ml

- **70 lub 80 ml mleka modyfikowanego następnego (2)**
- **1 czubata łyżeczka mąki ziemniaczanej**
- **1 żółtko małego jajka kurzego**

Mleko modyfikowane przygotowujemy według opisu podanego na opakowaniu. Mąkę ziemniaczaną i żółtko łączymy niewielką ilością zimnego mleka i mieszamy. Gdy uzyskamy gładką masę, wlewamy ją powoli na pozostałe gotujące się mleko i ciągle mieszając, doprowadzamy do wrzenia.

Do kisielu możemy dodać sok owocowy lub syrop malinowy domowej roboty. Kisiel podajemy dziecku jedynie od czasu do czasu, gdyż w trakcie gotowania mleko modyfikowane traci część witamin.

Kisiel z jabłka

Porcja ok. 140 ml

- **1 małe słodkie jabłko w całości (ok. 100 g)**
- **1 czubata łyżeczka mąki ziemniaczanej (ok. 5 g)**
- **1 łyżeczka cukru (5 g)**
- **100 ml wody**

Umyte i obrane jabłko trzemy na tarce o małych oczkach. Zagotowujemy 2/3 wody i wrzucamy do niej utarte jabłko. W pozostałej wodzie rozprowadzamy mąkę ziemniaczaną i wlewamy ją do garnka z jabłkiem. Całość doprowadzamy do wrzenia i gotujemy jeszcze chwilę, ciągle mieszając.

Kisiel podajemy polany mlekiem modyfikowanym następnym (2).

Bakaliowy przysmak

Porcja ok. 25 g

- pół łyżeczki rodzynek (najlepiej ekologicznych)
- 1 płaska łyżka suszonych daktyli (najlepiej ekologicznych)
- 1 łyżeczka kaszy manny
- 5 łyżek wody

Do gotującej się wody wrzucamy daktyle. Gdy się sparzą, zdejmujemy skórkę. Obrane daktyle gotujemy z rodzynkami w pięciu łyżkach wody, aż będą miękkie. Jeśli trzeba, dolewamy trochę wody. Pod koniec gotowania dodajemy kaszę mannę.

Danie możemy zmiksować. Jeśli dziecko ma już kilka ząbków, bakalie warto podać po ich uprzednim rozdrobnieniu widelcem. Bakaliowy przysmak jest dobrym dodatkiem do kaszki lub kwaśnego jabłka.

8

Potrawy proponowane dla dzieci:

- karmionych mlekiem modyfikowanym i mlekiem matki od 9. miesiąca życia

Zupka jarzynowa z kaszą jaglaną, mięsem i jajkiem

Porcja ok. 190–200 ml

- **niepełna łyżka kaszy jaglanej**
- **pół marchwi (ok. 40 g)**
- **ćwierć korzenia pietruszki lub kawałek selera (ok. 15 g)**
- **35 g mięsa kurczaka, indyka, jagnięciny, królika lub cielęciny (tak aby po ugotowaniu zostało 15 g)**
- **cząstka jabłka (ok. 20 g)**
- **kilka małych różyczek kalafiora (ok. 20 g)**
- **1 płaska łyżeczka masła[1]**
- **pół ugotowanego jajka kurzego[2]**
- **2 łyżeczki kaszy manny (ok. 11 g)**
- **1–1,5 szklanki wody**
- **szczypta posiekanego koperku do smaku**

Umyte i obrane warzywa kroimy na duże kawałki lub w grube talarki. Wrzucamy do wrzątku razem z kaszą i trzymamy pod przykryciem na niewielkim ogniu około 20 minut. Po 10 minutach dodajemy jabłko, na 5 minut przed końcem gotowania wsypujemy kaszę mannę. Mięso gotujemy osobno. (Dzieciom, u których nie podejrzewamy alergii, możemy przygotować mięso razem z warzywami). Odkładamy kawałek marchwi i kalafiora oraz trochę kaszy. Ugotowane jarzyny miksujemy z częścią wywaru warzywnego i mięsem, a następnie łączymy z pozostałym wywarem warzywnym do uzyskania papkowatej konsystencji. Na końcu dodajemy łyżeczkę masła. Przelewamy zupkę do miseczki i dodajemy jajko oraz rozdrobnione widelcem produkty, które wcześniej odłożyliśmy (dziecko uczy się gryźć). Możemy posypać zupę koperkiem.

Po schłodzeniu do temperatury około 50°C zupkę podajemy dziecku łyżeczką.

[**1**] U maluchów ze skazą białkową, alergią czy nietolerancją laktozy, w trakcie rozszerzania diety dziecka o produkty z menu dorosłych, masło należy wprowadzać ostrożnie. Można je zastąpić olejem lub oliwą.

[**2**] Unikajmy podawania dziecku jajek pochodzących z dużych ferm. Godne polecenia są jaja ekologiczne, wiejskie, od kur wolnowybiegowych. W ostatnim czasie popularne i stosunkowo łatwo dostępne są ekologiczne jajka od zielononóżki kuropatwianej.

Słoneczna zupka

Porcja ok. 190–200 ml

- **kawałek słodkiej dyni (ok. 60 g)**
- **niepełna łyżka kaszy jaglanej**
- **pół ugotowanego jajka kurzego**
- **pół słodkiej marchwi (ok. 30 g)**
- **1 łyżka słodkiej kukurydzy (w 11. miesiącu życia może być z puszki)**
- **pół łyżeczki przecieru pomidorowego lub ćwiartka małego pomidora**
- **2 łyżeczki kaszy manny (ok. 11 g)**
- **1 łyżeczka oliwy z oliwek**
- **1–1,5 szklanki wody**

Umytą i obraną marchew, kukurydzę oraz kaszę jaglaną wrzucamy do wrzątku i trzymamy na ogniu około 10 minut. Dokładamy obraną i pokrojoną dynię, przecier lub pomidor i gotujemy kolejne 10 minut. Na 5 minut przed końcem gotowania wsypujemy kaszę mannę. Miksujemy z odrobiną wywaru, jajkiem i oliwą, tak aby w zupie pozostały cząstki warzyw i kaszy.

Po schłodzeniu do temperatury około 50°C zupkę podajemy łyżeczką.

Zupka kalafiorowa z cielęciną i ryżem

Porcja ok. 190–200 ml

- **3 łyżeczki białego ryżu ekologicznego**
- **1 marchew (ok. 50 g)**
- **1/3 korzenia pietruszki lub kawałek selera (ok. 20 g)**
- **30 g cielęciny (tak aby po ugotowaniu zostało 15 g)**
- **kilka różyczek kalafiora (ok. 40 g)**
- **1 łyżeczka oliwy z oliwek lub niskoerukowego oleju rzepakowego**
- **2 łyżeczki kaszy manny (ok. 11 g)**
- **1–1,5 szklanki wody**

Umyte i obrane warzywa kroimy na kawałki lub w grube talarki. Wrzucamy do wrzątku razem z ryżem i trzymamy pod przykryciem na niewielkim ogniu około 20 minut. Na 5 minut przed końcem gotowania wsypujemy kaszę mannę. Mięso dusimy osobno. (Dzieciom, u których nie podejrzewamy alergii, możemy przygotować mięso razem z warzywami). Jarzyny wyjmujemy i miksujemy na drobne cząstki z częścią wywaru warzywnego i ryżem oraz mięsem. Składniki łączymy z pozostałym wywarem warzywnym do uzyskania papkowatej konsystencji. Na końcu dodajemy łyżeczkę oliwy lub oleju.

Po schłodzeniu do temperatury około 50°C zupkę podajemy dziecku łyżeczką.

Zielona zupka z naturalnym ryżem

Porcja ok. 190–200 ml

- niepełna łyżka ekologicznego naturalnego ryżu
- kilka różyczek brokułów (ok. 30 g)
- kawałek kalarepy (ok. 30 g)
- kawałek cukinii (ok. 30 g)
- 1 łyżeczka mrożonego zielonego groszku (ok. 10 g)
- kawałek pora (ok. 15 g)
- 35 g mięsa z udka kurczaka (tak aby po ugotowaniu zostało 15 g)
- 1 łyżeczka masła
- 2 łyżeczki kaszy manny (ok. 11 g)
- 1–1,5 szklanki wody
- szczypta posiekanego koperku do smaku

Umyte i obrane warzywa kroimy na kawałki lub w grube talarki. Kalarepę wrzucamy do wrzątku razem z ryżem i trzymamy pod przykryciem na niewielkim ogniu około 20 minut. W połowie gotowania dodajemy pokrojone brokuły, cukinię i groszek, a 5 minut przed zdjęciem garnka z ognia wsypujemy kaszę mannę. Mięso gotujemy osobno. (Dzieciom, u których nie podejrzewamy alergii, możemy przygotować mięso razem z warzywami). Ryż powinien być bardzo miękki. Odkładamy kawałek ugotowanej kalarepy i cukinii oraz 2 łyżeczki ryżu. Miksujemy ugotowane warzywa i ryż z częścią wywaru warzywnego i mięsem, a następnie łączymy z pozostałym wywarem warzywnym, aby uzyskać kremową konsystencję. Dodajemy łyżeczkę masła. Przelewamy zupkę do miseczki i dodajemy pozostały ryż oraz rozdrobnione widelcem warzywa, które wcześniej odłożyliśmy. Danie możemy posypać koperkiem.

Po schłodzeniu do temperatury około 50°C zupkę podajemy dziecku łyżeczką.

Rosół z kaszką kukurydzianą

Porcja ok. 190–200 ml

- **1 czubata łyżka kaszki kukurydzianej**
- **1 marchew (ok. 50 g)**
- **1/3 korzenia pietruszki lub kawałek selera (ok. 20 g)**
- **kawałek białej części pora (ok. 20 g)**
- **30 g mięsa z udka kurczaka (tak aby po ugotowaniu zostało 15 g)**
- **2 łyżki soku z białych winogron i jabłek**
- **1 łyżeczka oliwy z oliwek lub niskoerukowego oleju rzepakowego**
- **2 łyżeczki kaszy manny (ok. 11 g)**
- **1–1,5 szklanki wody**

Umyte i obrane warzywa kroimy na kawałki lub w grube talarki. Wrzucamy do wrzątku razem z mięsem i kaszką kukurydzianą. (Dzieciom, u których nie podejrzewamy alergii, przygotowujemy mięso razem z warzywami). Trzymamy pod przykryciem na niewielkim ogniu mniej więcej 20 minut. Na 5 minut przed końcem gotowania wsypujemy kaszę mannę. Ugotowane warzywa z kaszką, mięsem i częścią wywaru miksujemy na drobne cząstki, ale nie na papkę. Do rosołu wlewamy sok z winogron i jabłka, który nada mu słodki smak. Dodajemy łyżeczkę oliwy lub oleju.

Rosół podajemy łyżeczką po schłodzeniu do temperatury około 50°C.

Kuskus z warzywami

Porcja ok. 180 g

- **półtorej łyżki kaszy kuskus**
- **pół ugotowanego jajka kurzego**
- **3 fasolki szparagowe bez łyka (ok. 25 g)**
- **1 marchew (ok. 50 g)**
- **kilka różyczek brokułów (ok. 40 g)**
- **1 łyżeczka oliwy z oliwek**
- **pół łyżeczki masła**
- **niepełna szklanka wody**

Kuskus przygotowujemy według przepisu podanego na opakowaniu. Osobno gotujemy warzywa z oliwą – około 15 minut, aż będą miękkie. Podajemy razem na talerzyku. Warzywa rozdrabniamy widelcem i posypujemy pokruszonym jajkiem. Kaszkę mieszamy z masłem.

Jajecznica na wodzie z masłem

Porcja ok. 25 g

Jajecznica na wodzie z masłem jest alternatywą dla popularnej jajecznicy przyrządzanej na talerzyku ustawionym na parze. Przepis ten jest bezpieczniejszy ze względu na wyższą temperaturę przyrządzenia.

- **pół jajka kurzego**[1]
- **szczypta soli jodowanej (od 10. miesiąca życia)**
- **pół łyżeczki masła**
- **2 łyżki wody**

Na małej, mocno rozgrzanej patelni podgrzewamy dwie łyżki wody, dodajemy jajko i posypujemy je solą. (Pamiętajmy, aby po kontakcie ze skorupką natychmiast umyć ręce. Najlepiej byłoby sparzyć jajka przed ich przyrządzeniem). Delikatnie mieszamy. Do gotowej jajecznicy dodajemy masło.

Czekamy chwilę, aby jajecznica nie była gorąca. Podajemy łyżeczką z miseczki. Jajecznica jest dobrym dodatkiem do przyrządzonych na parze, rozdrobnionych widelcem lub pokrojonych warzyw: ziemniaków, cukinii, marchwi, brokułów. Serwowana z warzywami stanowi kompletne danie obiadowe.

[1] Od 7. miesiąca życia możemy włączyć do diety dziecka całe jajko, oczywiście ugotowane. W poprzednim schemacie żywienia opis wprowadzania żółtka (w 7. miesiącu) i białka (w 11.–12. miesiącu) był bardzo skomplikowany.

Płatki kukurydziane na mleku

Porcja ok. 130 ml

- **100 ml mleka modyfikowanego następnego (2)**
- **3 łyżki zwykłych płatków kukurydzianych[1]**
- **2–3 łyżeczki kleiku ryżowego**

Mleko modyfikowane przygotowujemy zgodnie z opisem podanym na opakowaniu. Do mleka wsypujemy płatki kukurydziane i delikatnie je podgrzewamy, aby zmiękły. Mleka nie należy gotować. Dodajemy kleik.

Płatki podajemy dziecku łyżeczką schłodzone do temperatury 40–50°C zaraz po przygotowaniu.

[1] Zwróćmy uwagę na opakowanie, ważne aby płatki nie zawierały dodatków smakowych, aromatów, konserwantów i barwników.

Kluski lane na mleku modyfikowanym

Porcja ok. 120 ml

- **100 ml mleka modyfikowanego następnego (2)**
- **1 czubata łyżeczka mąki kukurydzianej (ok. 5 g)**
- **1 żółtko małego jajka kurzego**
- **1 lub 2 łyżeczki wody**

Mleko przygotowujemy zgodnie z opisem podanym na opakowaniu. Żółtko łączymy z mąką i wodą, a następnie wlewamy cienkim strumieniem na gotujące się mleko i doprowadzamy do wrzenia. Kluseczki powinny być bardzo drobne i miękkie.

Kluski są dobrym dodatkiem do rzadszych zup. Doświadczone gospodynie mogą spróbować wlewać je przez widelec.

Naleśniki bezglutenowe

Porcja – 1 naleśnik

- **200 ml mleka modyfikowanego następnego (2)**
- **pół szklanki mąki kukurydzianej (w 10. lub 11. miesiącu życia dziecka możemy ją zastąpić mąką pszenną)**
- **1 żółtko małego jajka kurzego**
- **szczypta soli jodowanej (od 10. miesiąca życia)**
- **olej rzepakowy lub olej z pestek winogron do smażenia (w 10. lub 11. miesiącu życia dziecka możemy użyć masła)**

Składniki miksujemy, powoli wsypując mąkę. Ciasto naleśnikowe powinno mieć konsystencję śmietany. Jeśli będzie za rzadkie, możemy dosypać łyżkę mąki. Pamiętajmy, że przygotowane mleko modyfikowane gęstnieje w miarę upływu czasu. Rozgrzewamy mocno patelnię teflonową i na niewielkiej ilości oleju rozprowadzonego pędzlem spożywczym lub ręcznikiem papierowym smażymy po obu stronach cienki naleśnik. Następny możemy spróbować usmażyć bez tłuszczu.

Danie podajemy ze zmiksowanymi owocami lub farszem mięsno-warzywnym.

Pieczone jabłko

Porcja ok. 100 g

- **1 średnie słodkie jabłko (odmiana polska)**
- **pół łyżeczki masła**
- **1 łyżeczka cukru**
- **kilka łyżek wody**

Rozgrzewamy piekarnik do temperatury 200°C. Jabłko dokładnie myjemy, odcinamy górną część i usuwamy gniazdo nasienne. Do środka owocu wsypujemy cukier i dodajemy masło. Przykrywamy wyciętą częścią. Wkładamy do naczynia żaroodpornego bez pokrywki lub na blachę do ciasta. Na dno naczynia wlewamy kilka łyżek wody – dzięki temu jabłko się nie przypiecze. Pieczemy w piekarniku 20–25 minut. Sprawdzamy patyczkiem albo widelcem, czy jest miękkie. Jeśli trzeba, dolewamy wody. Przed podaniem jabłko obieramy ze skórki, kroimy na kawałki i studzimy. Dziecko może zjeść je rączką.

Na jagody

Porcja ok. 150 ml

- makaron ryżowy nitki (ok. 10 g)
- pół szklanki słodkich jagód
- ćwierć szklanki wody
- 1–2 łyżeczki cukru

Jagody chwilę moczymy i przelewamy wodą na sitku. Makaron ryżowy gotujemy 3 minuty dłużej, niż zalecono na opakowaniu (musi być bardzo miękki). Po kilku minutach tniemy makaron w garnku ostrym nożem na małe części. Następnie miksujemy jagody. Osobno gotujemy wodę z cukrem. Dodajemy do niej jagody i całość chwilę podgrzewamy. Na koniec łączymy z makaronem.

Kisiel z wiśni i czereśni

Porcja ok. 120 ml

- **ponad pół szklanki dojrzałych wiśni i czereśni w proporcji: 2/3 wiśni i 1/3 czereśni**
- **1 łyżeczka cukru (ok. 5 g)**
- **2 łyżeczki mąki ziemniaczanej**
- **50 ml wody**
- **40 ml mleka modyfikowanego następnego (2)**

Umyte wiśnie i czereśnie drylujemy. Wrzucamy do wrzątku i parzymy. Następnie wyławiamy i przecieramy przez sitko o dużych oczkach. Przetarte owoce ponownie wrzucamy wrzątku. Mąkę ziemniaczaną rozrabiamy w dwóch łyżkach chłodnej wody i wlewamy do gotujących się owoców. Gotujemy jeszcze niecałą minutę, ciągle mieszając. Chłodzimy. Polewamy niewielką ilością mleka modyfikowanego, przygotowanego według opisu podanego na opakowaniu.

Pyszna woda miętowo-koperkowa dla całej rodziny

Porcja 150 ml

- **1,5 l wody źródlanej**
- **2 duże gałązki świeżej mięty**
- **2 małe gałązki kopru włoskiego (koper możemy zastąpić rozmarynem lub bazylią)**
- **2 łyżeczki soku wyciśniętego z cytryny (w 12. miesiącu życia dziecka)**
- **kostki lodu dla dorosłych**

Wodę wlewamy do szklanego dzbanka. Dodajemy umyte miętę oraz koper i zostawiamy na 20–30 minut, aż woda nabierze odpowiedniego smaku i aromatu.

Pamiętajmy, aby uczyć malucha pić z kubka niekapka lub ze szklanki, którą sami trzymamy. W czasie picia lub jedzenia zawsze bądźmy w pobliżu, gdyż dziecko może się zadławić.

W zależności od wieku dziecka dodajemy sok z cytryny, a dla dorosłych kostki lodu.

Bomba witaminowa

Porcja 30–50 ml

- 2 łyżki czerwonych porzeczek
- 3 łyżki malin
- kilka łyżek przegotowanej wody

Owoce myjemy na sitku, przelewamy wrzątkiem i osączamy. Rozcieramy je, a następnie przecieramy przez sito. Sok możemy rozrobić z przegotowaną wodą lub podawać jako dodatek do kaszki.

Sok zawiera dużo kwasów owocowych. Jeśli jest nierozcieńczony, zacznijmy jego podawanie od kilku łyżeczek. W ten sposób sprawdzimy reakcję dziecka.

9

Smaczne potrawy dla maluchów:

- karmionych mlekiem modyfikowanym i mlekiem matki od 10. miesiąca życia

Łagodna zupka pomidorowa i zupa dla rodziców 2 w 1

Porcja ok. 120–160 ml

- **1,5 l wody**
- **ok. 20 g obranego mięsa z nóżki kurczaka z odrobiną skórki[1]**
- **kilka marchwi**
- **pietruszka**
- **kawałek pora**
- **kawałek selera**
- **pół cebuli**
- **1 płaska łyżeczka soli**
- **garść mrożonego zielonego groszku**
- **kilka łyżek kaszy jęczmiennej perłowej (kasza glutenowa) lub lane kluski na bazie żółtka i mąki pszennej**
- **1 ząbek czosnku**
- **kilka listków bazylii**
- **natka pietruszki[2]**
- **2 łyżeczki ekologicznego przecieru pomidorowego**

Na bazie podanych składników, bez przecieru, przygotowujemy mało esencjonalny rosół. Pod koniec gotowania wrzucamy bazylię i natkę pietruszki. Mięso powinno być bardzo miękkie. Odlewamy do rondelka około pół litra wywaru, dodajemy do niego przecier pomidorowy i ponownie gotujemy. Do miseczki wkładamy około 20 g drobno posiekanego mięsa, kilka rozgniecionych kulek groszku, rozdrobnioną widelcem marchewkę, kilka łyżeczek kaszki. Dodajemy wywar z rondelka i studzimy.

[1] Do przyrządzenia zupki nie używamy kości, gdyż w szpiku kumulują się szkodliwe substancje.

[2] Dzieci nie przepadają za natką pietruszki. Maluchy jedzące pierwszy raz rzadką zupę łyżeczką mogą się krztusić. Na początku bezpieczniej będzie podać zupkę bez natki pietruszki i obserwować, jak dziecko sobie radzi.

Nie spodziewajmy się, że dziecko za pierwszym razem zje tyle samo rzadkiej pomidorówki, co innej gęstej zupy. Po takim posiłku maluch w ciągu dnia może wypić mleko albo zjeść drugie ciepłe danie. Zupę można bezpiecznie przechowywać w zamrażalniku przez tydzień i nie straci ona swoich walorów smakowych. Doskonale nadają się do tego pojemniki do przechowywania mleka (zamrożoną zupę łatwo z nich wyjąć). Pozostałą w garnku zupę doprawiamy w dowolny sposób.

Łagodny barszcz i zupa dla rodziców 2 w 1

Porcja ok. 160 ml

- **1 l wody**
- **100–200 g schabu bez kości**
- **2 średnie słodkie buraki**
- **pół jabłka**
- **2 marchewki**
- **1 mała pietruszka**
- **kawałek pora**
- **1 opalona nad gazem mała, obrana cebula**
- **1 ząbek czosnku**
- **1 łyżeczka suszonego majeranku**
- **pół łyżeczki soli**

Do wody wrzucamy mięso, cebulę, czosnek, sól. Gotujemy do momentu, aż mięso będzie miękkie. Wyjmujemy mięso, dodajemy pokrojone na małe kawałki marchew i pietruszkę oraz por w talarkach. Dorzucamy drobno starte buraczki, łyżeczkę majeranku, a pod koniec gotowania drobno pokrojone jabłko. W zupie powinno być tyle warzyw, aby była gęsta.

Jeśli dziecko nie radzi sobie z pogryzieniem warzyw, możemy je nieco rozdrobnić widelcem w miseczce. Barszcz podajemy ciepły, nie gorący. Po nakarmieniu malca możemy dowolnie wzbogacić i doprawić zupę, zgodnie z naszym gustem, najlepiej domowym sokiem z kiszonych buraków i przyprawami, ewentualnie gotowym koncentratem barszczu.

Szparagi z masłem

Porcja ok. 100 g

- **5 młodych, cienkich, białych szparagów**
- **pół łyżeczki masła[1]**
- **szczypta soli jodowanej**

Szparagi myjemy, obieramy i usuwamy zdrewniałe części. Wrzucamy do osolonego wrzątku i gotujemy pod przykryciem, aż będą miękkie. Najlepiej związać je nitką spożywczą w pęczek i ugotować w wąskim garnku z wystającymi z wody końcówkami. Ugotowane szparagi kroimy nożem w poprzek na małe kawałki i smarujemy masłem.

Szparagi stanowią zdrową przekąskę lub dodatek do drugiego dania.

[1] U maluchów ze skazą białkową, alergią czy nietolerancją laktozy, w trakcie rozszerzania diety dziecka o produkty z menu dorosłych, masło należy wprowadzać ostrożnie. Można je zastąpić olejem lub oliwą.

Cielęcina z warzywami

Porcja ok. 180 g

- pół marchwi (ok. 30 g)
- kawałek cukinii (ok. 40 g)
- kawałek dyni (ok. 30 g)
- kawałek korzenia pietruszki (ok. 20 g)
- kawałek białej części pora (ok. 10 g)
- 1/3 średniej wielkości pomidora (ok. 30 g)
- 45 g surowej cielęciny
- 1 łyżeczka oliwy z oliwek
- pół szklanki wody

Umyte i obrane warzywa trzemy na tarce o drobnych oczkach. Pomidora kroimy na drobne kawałki, a pora w cienkie talarki. Mięso wkładamy do wrzątku. Po około 10 minutach dodajemy warzywa i dusimy kolejne 10 minut. Pod koniec gotowania wlewamy oliwę. Mięso wyjmujemy i drobno siekamy. Posypujemy warzywami i podajemy łyżeczką.

Można zmniejszyć ilość warzyw i dosypać do gotowania łyżkę kaszy jęczmiennej perłowej (kasza glutenowa) lub kaszki krakowskiej (drobna kaszka gryczana).

Szpinak z czosnkiem

Porcja ok. 100 g

- **100 g mrożonego szpinaku liściastego**
- **ćwierć ząbka czosnku**
- **1 żółtko jajka kurzego**
- **pół łyżeczki masła**
- **szklanka wody**

Szpinak gotujemy w niewielkiej ilości wody około 10 minut. Gdy będzie miękki, odcedzamy go i drobno siekamy. Do rondelka wlewamy 2 lub 3 łyżki wody i ponownie wrzucamy szpinak. Mieszając szpinak, dodajemy żółtko i czosnek. Gdy jajko dobrze się zetnie, rondelek ze szpinakiem zdejmujemy z ognia i dodajemy masło.

Jajecznica na wodzie z pomidorami

Porcja ok. 60 g

- **pół dużego jajka kurzego[1] lub jedno małe**
- **ćwiartka pomidora bez pestek i skórki**
- **2 łyżki wody**

Na małą patelnię wlewamy 2 łyżki wody, wrzucamy rozdrobnionego pomidora, a po chwili dodajemy jajko. Jeśli wybraliśmy aromatycznego pomidora, sól nie będzie nam potrzebna. Jajecznicę delikatnie mieszamy. Podajemy ciepłą.

Jajecznica jest dobrym dodatkiem do przyrządzonych na parze, rozdrobnionych lub pokrojonych widelcem warzyw: ziemniaków, cukinii, marchwi, brokułów. Podana z warzywami stanowi kompletne danie obiadowe.

[1] Według nowych zaleceń od 7. miesiąca życia możemy włączyć do diety dziecka całe jajko, oczywiście ugotowane. W poprzednim schemacie żywienia opis wprowadzania żółtka (w 7. miesiącu) i białka (w 11.–12. miesiącu) był bardzo skomplikowany. Białka jajek przepiórczych uważane są za „bezpieczniejsze" od białka kurzego i z reguły wcześniej wzbogaca się nimi dietę malucha.

Omlet z marchewką i kiełkami

Porcja ok. 100 g

- 5 jajek przepiórczych
- pół łyżeczki masła
- 1 łyżka wody
- 1 łyżeczka mąki kukurydzianej
- 1 łyżka mieszanych kiełków
- pół marchwi (ok. 40 g)

Umytą i obraną marchew wrzucamy do niewielkiej ilości wrzątku i gotujemy około 15 minut. Gdy będzie miękka, wyjmujemy i trzemy na tarce o drobnych oczkach. Jajka parzymy, ubijamy z mąką trzepaczką na pulchną masę. Jeśli mamy wolną chwilę, możemy najpierw ubić białka, a następnie dodać żółtka. Mieszamy z marchwią. Omlet smażymy na łyżce wody na mocno rozgrzanej patelni teflonowej lub innej przystosowanej do smażenia bez tłuszczu. Lekko podważamy jego brzegi i obracamy, tak aby usmażył się z obu stron. Masa musi dobrze się ściąć. Gorący omlet smarujemy z góry masłem i posypujemy poszatkowanymi kiełkami. Można go również podawać z chlebem jako kanapkę (od 12. miesiąca życia również z sałatą).

Kuleczki z bajeczki

Porcja ok. 50 g

- ok. 50 g mielonego mięsa kurczaka
- pół miarki mleka modyfikowanego (2)
- 4 łyżeczki gotowego purée ryżowego z warzywami
- szczypta soli jodowanej
- 2 łyżeczki kleiku lub kaszki ryżowej
- szklanka wody

Mięso mieszamy z mlekiem modyfikowanym, solą i purée. Stopniowo dolewamy wodę, tak aby mięso było miękkie, dało się formować, ale się nie rozpadało. Wyrabiamy małe kuleczki. Obtaczamy je w kleiku lub kaszce ryżowej. Wrzucamy do gotującej się wody. Gotujemy na małym ogniu, aż będą miękkie.

Kuleczki bardzo dobrze smakują z sosem pomidorowym. Mogą stanowić część drugiego dania.

Jajecznica z jajek przepiórczych

Porcja ok. 35 g

- **4 jajka przepiórcze**
- **pół łyżeczki masła**
- **szczypta soli jodowanej**
- **2 łyżki wody**

Parzymy jajka. (Pamiętajmy, aby po kontakcie ze skorupką natychmiast umyć ręce). Na małą patelnię wlewamy 2 łyżki wody, podgrzewamy ją i wbijamy jajka. Dodajemy szczyptę soli. Delikatnie mieszamy, aby powstała jajecznica. Zdejmujemy z ognia i dodajemy masło. Czekamy chwilę, aby jajecznica nie była gorąca.

Podajemy łyżeczką z miseczki. Jajecznica jest dobrym uzupełnieniem przyrządzonych na parze, rozdrobnionych lub pokrojonych widelcem warzyw: ziemniaków, cukinii, marchwi, brokułów. Stanowi wtedy kompletne drugie danie obiadowe.

Delikatne bezglutenowe kluski na mące ryżowej

Porcja ok. 80–100 g

- **ok. 100 g ugotowanych ziemniaków (mogą być także z obiadu z poprzedniego dnia, pod warunkiem że przechowywaliśmy je w lodówce)**
- **1 jajko przepiórcze**
- **1 łyżka mąki ryżowej**
- **pół łyżeczki mąki ziemniaczanej**
- **szczypta soli jodowanej**

Ziemniaki rozgniatamy, dodajemy pozostałe składniki i zagniatamy ciasto. Mąki ryżowej dodajemy tylko tyle, aby ciasto dało się formować i nie lepiło się do rąk. Na stolnicy (lub czystej deseczce) posypanej lekko mąką ryżową formujemy cienki wałek. Tniemy go w poprzek na półtoracentymetrowe kawałki. Wrzucamy je na nieosolony wrzątek. Kiedy wypłyną, gotujemy je jeszcze mniej więcej 3 minuty, aby były miękkie. Kluski wyjmujemy łyżką cedzakową.

Kluseczki kroimy na mniejsze kawałki i podajemy jako danie obiadowe z gotowanymi warzywami lub surówką.

Sos pomidorowy

Porcja ok. 50 ml

- **1 pomidor, np. malinowy lub „bawole serce" (ok. 80 g)**
- **2 listki bazylii**
- **pół łyżeczki oliwy z oliwek**
- **ćwierć małego ząbka czosnku**
- **1 łyżka wody**

Pomidor parzymy i obieramy, usuwamy pestki i kroimy w małą kostkę. Czosnek wyciskamy przez praskę lub cienko szatkujemy. Do niewielkiego garnka wlewamy łyżkę wody, wkładamy kawałki pomidora, bazylię oraz czosnek. Dusimy pod przykryciem do miękkości. Do gotowego sosu dodajemy oliwę z oliwek.

Sos stanowi dodatek do dania obiadowego.

Surówka z marchwi i jabłka

Porcja ok. 60 g

- **pół młodej marchwi (ok. 30 g)**
- **ćwierć jabłka (ok. 30 g)**
- **pół łyżeczki oliwy z oliwek**

Dokładnie wymyte i obrane produkty miksujemy lub, jeśli dziecko ma ząbki i dobrze gryzie, ścieramy na tarce o jak najmniejszych oczkach. (Startą marchew możemy sparzyć we wrzątku, aby zmiękła). Surówkę mieszamy z oliwą i zostawiamy w miseczce na mniej więcej 15 minut.

Podajemy łyżeczką jako część drugiego dania.

Sałatka z buraczków

Porcja ok. 60 g

- **kawałek buraka (ok. 40 g)**
- **kawałek jabłka (ok. 20 g)**
- **ćwierć łyżeczki przeciśniętej przez praskę nieostrej cebuli**
- **1 łyżeczka oleju rzepakowego lub oleju z pestek winogron**

Umyty burak gotujemy w jednym kawałku, aż będzie miękki (około pół godziny). Obieramy jabłko i ugotowany kawałek buraka. Ścieramy na tarce o jak najmniejszych oczkach. Dodajemy olej i cebulę. Mieszamy i czekamy 5 minut.

Podajemy łyżeczką jako część drugiego dania.

Czy kurczaki lubią ogórki?

Porcja ok. 90 g

- **40 g mięsa kurczaka (tak aby po ugotowaniu było ok. 20 g)**
- **30 ml jogurtu naturalnego**
- **pół średniego ogórka (ok. 40 g)**
- **szczypta jodowanej soli**
- **odrobina posiekanego koperku**

Mięso gotujemy w delikatnie osolonej wodzie, następnie drobno siekamy. Ogórek ścieramy na tarce o jak najmniejszych oczkach. Mieszamy z jogurtem i posypujemy koperkiem.

Serwujemy jako dodatek do pieczywa lub jako samodzielną przekąskę.

Danie można podawać z kawałkiem pszennego pieczywa (najlepiej domowej roboty) posmarowanego masłem.

Owsianka na mleku modyfikowanym z melonem lub bananem

Porcja ok. 160 g

- **2 płaskie łyżki górskich płatków owsianych**
- **80 ml wody na każdą łyżkę płatków**
- **miarka mleka modyfikowanego następnego (2)**
- **kawałek melona lub pół banana[1]**

Płatki owsiane wrzucamy do rondelka i zalewamy odpowiednią ilością wody. Doprowadzamy do wrzenia i trzymamy na małym ogniu kilka minut, często mieszając (płatki muszą być miękkie). Jeśli trzeba, dolewamy wody, aby uzyskać papkowatą konsystencję. Płatki wykładamy do miseczki i do ciepłej papki dodajemy jedną miarkę mleka modyfikowanego. Obok lub na wierzchu podajemy drobno starty melon lub rozdrobniony widelcem banan.

[1] U dzieci ze skłonnością do alergii banany należy wprowadzać, zaczynając od kilku plasterków, najlepiej pod koniec 1. roku życia.

Proste racuszki z jabłkiem

Porcja ok. 60–70 g

- **1 małe jabłko (ok. 80 g)**
- **pół szklanki mleka modyfikowanego następnego (2)**
- **1 żółtko jajka kurzego**
- **3–4 łyżki mąki pszennej tortowej**
- **olej z pestek winogron**

Jabłko kroimy w drobne talarki, omijając gniazdo nasienne. Żółtko łączymy z mąką i rozrabiamy mikserem, powoli wlewając mleko. Ciasto powinno mieć konsystencję gęstej śmietany. Delikatnie mieszamy je z pokrojonym jabłkiem. Racuszki smażymy na dobrze rozgrzanej, posmarowanej olejem patelni.

Kisiel żurawinowy

Porcja ok. 150 ml

- **ok. 60 g dojrzałych żurawin**
- **5 łyżeczek cukru (ok. 25 g)**
- **2 łyżeczki mąki ziemniaczanej (ok. 10 g)**
- **2/3 szklanki wody**

Żurawiny kilka razy myjemy i wrzucamy do wrzątku. Po paru minutach gotowania wyławiamy je łyżką cedzakową i przecieramy przez sitko, aby usunąć pestki i skórki. Przetarte owoce zalewamy powstałym podczas gotowania wywarem (do objętości 150 ml), dodajemy cukier. Mąkę ziemniaczaną rozprowadzamy w 2 łyżkach zimnej wody. Mieszając, powoli wlewamy ją do gotującego się kisielu, i jeszcze chwilę trzymamy na ogniu.

Sałatka z arbuza

Porcja ok. 100–150 g

- **ćwiartka dojrzałego arbuza**
- **1 łyżeczka cukru pudru**
- **2 łyżeczki soku malinowego**

Arbuza myjemy i usuwamy pestki. Łyżeczką do wydrążania owoców wycinamy z miąższu kulki i układamy je w salaterce. Polewamy sokiem malinowym i delikatnie oprószamy cukrem pudrem.

Arbuz świetnie nadaje się do nauki gryzienia, gdyż trudno się nim zakrztusić. Na początek sami powinniśmy podawać dziecku owoce. Dopiero gdy nabierze wprawy, możemy pozwolić, by jadło samodzielnie pod naszym nadzorem.

Maluch na jeden raz powinien zjeść nie więcej niż około 150 g arbuza.

Błyskawiczne ciasto gruszkowe

Porcja ok. 100 g

- **3–4 słodkie gruszki (np. klapsy)**
- **szklanka górskich płatków owsianych**
- **kilka łyżeczek kleiku lub kaszki ryżowej**
- **2 łyżki miodu akacjowego[1]**
- **3 łyżki łuskanych ziaren słonecznika**
- **4 łyżki rodzynek**
- **1 łyżka oleju z pestek winogron**
- **olej z pestek winogron do posmarowania blaszki**

Umyte i obrane gruszki trzemy na tarce o dużych oczkach. Ziarna słonecznika i rodzynki możemy nieco rozdrobnić, aby dziecko się nimi nie zadławiło. Piekarnik rozgrzewamy do temperatury 150°C z termoobiegiem lub nieco wyższej (bez termoobiegu). Składniki mieszamy. Blaszkę do pieczenia keksów smarujemy olejem i wkładamy do niej ciasto. Pieczemy mniej więcej 40 minut.

[1] Miód jest potencjalnym alergenem. U maluchów ze skłonnością do alergii najlepiej zastąpić go cukrem.

Owocowe tofu

Porcja ok. 130 ml

- **40 g naturalnego tofu**
- **pół małego banana**
- **pół brzoskwini bez skórki**
- **1 łyżka kiełków słonecznika lub 2 łyżeczki kiełków pszenicy**

Wszystkie składniki miksujemy. Wkładamy do miseczki i podajemy łyżeczką.

Przecier pomidorowo-jabłkowy

Porcja ok. 120–150 ml

- **1 duży pomidor (ok. 200 g)**
- **1 soczyste jabłko (ok. 150 g)**

Miękki pomidor polewamy wrzątkiem, zdejmujemy skórkę i przecieramy przez sitko, aby usunąć pestki. Umyte i obrane jabłko miksujemy z pomidorem.

Podajemy łyżeczką.

Dania dla dzieci:

- karmionych mlekiem modyfikowanym i mlekiem matki od 11. i 12. miesiąca życia

10 i 11

Rosół z lanymi kluseczkami

Porcja ok. 200–220 ml

rosół:
- **1 średnia marchew (ok. 50 g)**
- **ćwiartka pietruszki (ok. 20 g)**
- **pół łyżki mrożonego groszku (ok. 10 g)**
- **biała część pora (ok. 20 g)**
- **50 g mięsa z nóżki kurczaka**
- **szklanka wody**

kluseczki:
- **1 żółtko jajka kurzego (ok. 15–20 g)**
- **1 łyżeczka mąki pszennej (ok. 5 g)**
- **1 łyżeczka wody**

Umyte i obrane warzywa kroimy w drobną kostkę. Mięso dzielimy na dwie części i z jarzynami wrzucamy do wrzątku. Kiedy warzywa będą miękkie, wyjmujemy por, a marchew, pietruszkę, groszek oraz mięso miksujemy z odrobiną wywaru, tak aby pozostały cząstki. Dolewamy wywar, aby uzyskać odpowiednią objętość. Z żółtka, mąki oraz jednej łyżeczki wody wyrabiamy widelcem lane ciasto. Rosół ponownie doprowadzamy do wrzenia i wlewamy do niego łyżeczką cienkim strumieniem ciasto. Gotujemy jeszcze chwilę. Kluseczki powinny być miękkie i bardzo drobne.

Po schłodzeniu rosół podajemy łyżeczką.

Zupka pomidorowa z lanymi kluseczkami

Porcja ok. 200–220 ml

zupka:

- **1 marchew (ok. 50 g)**
- **ćwiartka pietruszki (ok. 20 g)**
- **biała część pora (ok. 15 g)**
- **1 dojrzały pomidor bez skórki (do 100 g)**
- **1 łyżeczka oliwy z oliwek**
- **ćwierć ząbka czosnku**
- **listek bazylii**
- **szklanka wody**

kluseczki:

- **1 żółtko jajka kurzego (ok. 15–20 g)**
- **1 łyżeczka mąki pszennej (ok. 5 g)**
- **1 łyżeczka wody**

Umyte i obrane warzywa kroimy w drobną kostkę i wraz z czosnkiem wrzucamy do wrzątku. Kiedy będą miękkie, wyjmujemy por, a marchew, pietruszkę, czosnek i pomidora miksujemy, tak aby pozostały cząstki. Dolewamy wywar, aby uzyskać odpowiednią objętość. Z żółtka, mąki oraz jednej łyżeczki wody wyrabiamy widelcem lane ciasto. Gdy będzie gotowe, wlewamy je łyżeczką cienkim strumieniem do wrzącej zupy. Dodajemy listek bazylii. Gotujemy jeszcze chwilę. Kluseczki powinny być miękkie i bardzo drobne. Wyjmujemy bazylię i dolewamy oliwę.

Po schłodzeniu zupkę podajemy dziecku łyżeczką.

PO 10. i 11. MIESIĄCU

Dyniowy uśmiech i zupa dla rodziców 2 w 1

Porcja ok. 200 ml

- **ćwierć dużej lub pół średniej dyni**
- **2 średnie marchwie**
- **2 łyżki masła z lodówki**
- **świeży imbir**
- **cynamon (wariant dla rodziców)**
- **1 płaska łyżeczka soli**
- **1 l wywaru z mięsa indyka lub kurczaka na wodzie**

Do gotującego się wywaru, przygotowanego na mięsie bez kości, wrzucamy pokrojoną w kostkę marchew i dynię. Gdy będą miękkie, dodajemy sól, masło i dwie duże szczypty świeżo startego imbiru. Wszystko miksujemy. Odlewamy porcję dla dziecka. Resztę zupy doprawiamy pozostałym imbirem i cynamonem oraz, wedle upodobania, solą i pieprzem.

W zupce dla dziecka imbir ma być wyczuwalny. Danie dla dorosłych powinno być bardziej aromatyczne i dość ostre.

Zupka szpinakowa z jogurtem

Porcja ok. 200 ml

- **świeży lub mrożony szpinak liściasty (ok. 80 g)**
- **1 marchew (ok. 30 g)**
- **korzeń pietruszki (ok. 10 g)**
- **biała część pora (ok. 10 g)**
- **1 łyżeczka drobno posiekanej cebuli**
- **1 łyżka ryżu**
- **1 łyżka jogurtu naturalnego**[1]
- **ćwierć ząbka czosnku**
- **1 łyżeczka oliwy z oliwek**
- **szklanka wody**

Szpinak starannie myjemy, osączamy i drobno siekamy. Do garnka wlewamy oliwę, wsypujemy cebulę i podsmażamy na niewielkim ogniu kilkadziesiąt sekund. Dolewamy pół szklanki wody, wrzucamy ryż, a następnie szpinak. Dusimy pod przykryciem, aż ryż nieco napęcznieje. Dokładamy drobno pokrojoną marchew, pietruszkę i por, w razie potrzeby dolewamy wody. Trzymamy na ogniu mniej więcej 15 minut, aż ryż będzie miękki, po czym odstawiamy (szpinak mrożony gotujemy krócej niż świeży). Dodajemy drobno posiekany czosnek, solimy, mieszamy i wlewamy zahartowany niewielką ilością zupki jogurt (aby się nie ściął, zupy już nie gotujemy). Dolewamy odpowiednią ilość wody.

[**1**] Po ukończeniu 11. miesiąca życia proponuje się, aby podawać maluchowi przetwory mleczne kilka razy w tygodniu. Po ukończeniu 10. miesiąca życia możemy 1-2 razy w tygodniu podać dziecku zdrowemu i nieuczulonemu przetwory mleczne w niewielkiej ilości (np. 1 łyżka), aby organizm nauczył się je tolerować.

Kefirowy chłodnik

Porcja ok. 150 ml

- **kefir naturalny (ok. 70 g)**
- **mały kawałek świeżego ogórka**
- **pół rzodkiewki**
- **1 łyżeczka drobno posiekanego koperku**
- **pół łyżeczki posiekanego szczypiorku**
- **pół ugotowanego jajka**
- **ćwierć ząbka czosnku**
- **1 mały ugotowany ziemniak (ok. 50 g)**

Danie polecane zasadniczo po 11. miesiąca życia, nadaje się dla dzieci dobrze tolerujących jogurty i kefiry. Dla bezpieczeństwa możemy podać maluchowi połowę porcji, jako zupę albo dodatek do drugiego dania.

Warzywa trzemy na tarce o jak najmniejszych oczkach i mieszamy z chłodnym kefirem. Wyciskamy czosnek. Dodajemy zieleninę i pokruszone jajko. Przed dodaniem szczypiorku sprawdźmy, czy chłodnik nie będzie za ostry. Serwujemy z ugotowanym, rozdrobnionym ziemniakiem.

Chłodnik podajemy od razu po przygotowaniu, ponieważ zbyt długo przechowywany rozrzedzi się (ogórek puści wodę). Powinien być chłodny, ale nie lodowaty.

Błyskawiczne leczo

Porcja ok. 200 g

- **1 mały patison lub kawałek kabaczka (ok. 80 g)**
- **pół małej cebuli (ok. 20 g)**
- **kawałek słodkiej białej papryki (ok. 40 g)**
- **kawałek dyni (ok. 50 g)**
- **kawałek korzenia pietruszki lub selera (ok. 20 g)**
- **pół ząbka czosnku**
- **1 łyżeczka oliwy z oliwek**
- **2 łyżki wody**

Dynię oraz patisona lub kabaczka myjemy i obieramy, a następnie kroimy w małą kostkę. Cebulę drobno siekamy, czosnek przeciskamy przez praskę. Paprykę myjemy, usuwamy gniazdo nasienne i razem z selerem lub pietruszką ścieramy na tarce o jak najmniejszych oczkach. Odrzucamy skórkę papryki, starte warzywa wrzucamy do rondelka, zalewamy wodą i oliwą. Dusimy pod przykryciem około 15 minut (jarzyny muszą być bardzo miękkie).

Danie podajemy na ciepło.

Pulpety cielęce z kaszką manną

Porcja ok. 180 g

- **40–50 g surowej cielęciny (najlepiej polędwicy)**
- **1 mała marchew (ok. 50 g)**
- **ćwierć korzenia pietruszki (ok. 20 g)**
- **kawałek cukinii bez pestek (ok. 50 g)**
- **kawałek białej części pora (ok. 15 g)**
- **pół żółtka jajka kurzego lub 1 jajko przepiórcze**
- **2 łyżeczki kaszki manny**
- **pół łyżeczki posiekanej natki pietruszki lub koperku**
- **pół szklanki wody**

Cielęcinę mielimy lub miksujemy blenderem (możemy przygotować większą ilość mięsa, np. na 4–5 obiadków, podzielić je na porcje i zamrozić w szczelnym pojemniku). Do cielęciny dodajemy pół surowego żółtka lub całe jajko przepiórcze. (Pamiętajmy, aby po kontakcie ze skorupką natychmiast umyć ręce. Najlepiej byłoby sparzyć jajka przed ich przyrządzeniem). Do mięsa dodajemy 2 łyżeczki kaszki manny i ewentualnie pół łyżeczki bardzo drobno posiekanej pietruszki lub koperku. Składniki dokładnie mieszamy i formujemy pulpeciki. Myjemy i obieramy warzywa, a następnie ścieramy je na tarce o małych oczkach. Por kroimy w drobne talarki. Gotujemy wodę, wrzucamy pulpeciki, a po 10 minutach warzywa. Mięso trzymamy na ogniu mniej więcej 20 minut.

Jeśli dziecko łyka za duże kawałki, rozdrobnijmy mięso widelcem. Pamiętajmy, aby nie było zbyt gorące.

Szybkie warzywa w masie z jajek przepiórczych

Porcja ok. 220 g

- **pół średniej marchwi (ok. 50 g)**
- **kilka różyczek kalafiora (ok. 50 g)**
- **kawałek cukinii bez pestek (ok. 80 g)**
- **słodka papryka (ok. 30 g)**
- **pół ząbka czosnku**
- **3 jajka przepiórcze**
- **szczypta soli jodowanej**
- **2/3 szklanki wody do gotowania warzyw**

Umyte i obrane warzywa kroimy na małą kostkę lub w talarki. Różyczki kalafiora rozdzielamy na mniejsze. Drobno siekamy czosnek i paprykę bez skórki. Warzywa gotujemy na parze. Możemy je też ugotować, wrzucając do wrzątku na 12–15 minut. Sparzone jajka wbijamy do miseczki i posypujemy solą. (Pamiętajmy o umyciu rąk). Jajka bełtamy widelcem w miseczce, aż powstanie gładka masa. Warzywa dokładnie odcedzamy i wlewamy do nich masę jajeczną. Dusimy na małym ogniu około 3 minut, co chwila mieszając, aby masa pokryła wszystkie warzywa.

Dzieciom, które mają ząbki, podajemy warzywa w kawałkach. Maluchom, które nie chcą gryźć, jarzyny rozdrabniamy widelcem.

Delikatne kluski z serem

Porcja ok. 100 g

- **100 g ugotowanych ziemniaków (mogą być z poprzedniego dnia, pod warunkiem że przechowujemy je w lodówce)**
- **30–35 g chudego lub półtłustego białego sera**
- **1 jajko przepiórcze**
- **ok. 1 łyżka mąki pszennej tortowej**
- **1 łyżeczka lub półtorej łyżeczki mąki ziemniaczanej**
- **szczypta soli jodowanej**

Ziemniaki rozgniatamy i łączymy z białym serem. Dodajemy pozostałe składniki i mieszamy. Na stolnicy lub czystej deseczce posypanej lekko mąką pszenną formujemy z ciasta cienki wałek. Wycinamy w poprzek półtora- lub dwucentymetrowe kluski i wrzucamy je na nieosolony wrzątek. Kiedy wypłyną, gotujemy mniej więcej 3 minuty, aby były miękkie. Wyjmujemy łyżką cedzakową.

Z podanych składników powinniśmy otrzymać ponad 130 g kluseczek. Kroimy je na mniejsze kawałki lub rozgniatamy i podajemy jako danie obiadowe z rozdrobnionym mięsem, gotowanymi warzywami lub surówką.

Dzieciom, które nieźle gryzą kluski podajemy w kawałkach, a tym które nie chcą gryźć rozdrabniamy je widelcem.

Placuszki z cukinii dla dziecka i mamy

Porcja ok. 100 g

- **kawałek cukinii (ok. 300 g)**
- **1 żółtko jajka kurzego**
- **pół ząbka czosnku**
- **nie więcej niż ćwierć szklanki mąki pszennej, bądź pół na pół pszennej i kukurydzianej**
- **szczypta soli jodowanej**
- **kawałek marchwi (ok. 40 g)**
- **olej z pestek winogron do smażenia**

Czosnek przeciskamy przez praskę. Roztrzepujemy widelcem żółtko na talerzyku. Cukinię obieramy (jeśli jest młoda, możemy zostawić skórkę, którą uprzednio trzeba dobrze wyszorować) i trzemy na tarce o dużych oczkach. Szybko mieszamy cukinię, żółtko, czosnek, sól i dosypujemy mąkę, tak aby powstała konsystencja gęstej śmietany. Smażymy na dobrze rozgrzanej teflonowej patelni, cienko posmarowanej olejem. Do masy możemy również dodać kawałek drobno startej marchwi.

Wieprzowina z jabłkiem

Porcja ok. 180 g

- **ok. 40 g chudej wieprzowiny, np. schabu (tak aby po ugotowaniu zostało ok. 20 g)**
- **pół ziemniaka (ok. 40 g)**
- **1 marchew (ok. 60 g)**
- **kawałek korzenia pietruszki (ok. 20 g)**
- **pół małego jabłka (ok. 40 g)**
- **szklanka wody**

Umyte i obrane warzywa oraz mięso kroimy na równe kawałki. Wrzucamy na wrzątek i gotujemy około 20 minut. Jabłko miksujemy z mięsem i ziemniakiem oraz odrobiną wywaru. Resztę warzyw rozdrabniamy widelcem na talerzyku. Do dania nie dodajemy tłuszczu, gdyż wieprzowina jest tłusta.

Migdałowe szparagi

Porcja ok. 110 g

- **5 młodych, cienkich zielonych szparagów**
- **1 łyżeczka oliwy z oliwek lub oleju rzepakowego niskoerukowego**
- **1 łyżeczka wody**
- **1 łyżeczka drobno posiekanej bazylii**
- **szczypta soli jodowanej**
- **1 łyżeczka zmielonych migdałów[1]**

Szparagi myjemy, obieramy i usuwamy zdrewniałe części. Wrzucamy do wrzątku i trzymamy pod przykryciem, aż będą miękkie. (Najlepiej związać je nitką spożywczą w pęczek i ugotować w wąskim garnku z wystającymi z wody końcówkami). Prażymy na patelni migdały. Z oliwy, bazylii, wody, soli i migdałów przygotowujemy sos. Ugotowane szparagi kroimy nożem w poprzek na centymetrowe kawałki. Polewamy sosem.

Podajemy łyżeczką. Możemy dać dziecku do rączki jeden lub dwa szparagi, jeśli łatwo się kroją, tzn. nie są przerośnięte łykiem. Szparagi stanowią zdrową przekąskę lub dodatek do drugiego dania.

[1] U maluchów skłonnych do alergi, w trakcie rozszerzania diety o produkty z menu dorosłych, migdały należy wprowadzać ostrożnie.

Tarta „Palce lizać"

Porcja ok. 120 g

- **ok. 80 g masła**
- **niepełna szklanka mąki krupczatki i mąki tortowej pół na pół**
- **2 żółtka jajka kurzego**
- **pół łyżeczki soli jodowanej**
- **2 szklanki pokrojonych w małe kawałki warzyw (brokuły i pomidory lub dynia, cukinia, por, marchew)**
- **1 mała gałązka rozmarynu (oregano, bazylii)**
- **duża szczypta gałki muszkatołowej w proszku**
- **60–80 ml mleka modyfikowanego następnego (2)**

Z masła, mąki, soli i 1 żółtka wyrabiamy kruche ciasto (jeśli będzie się rozpadało, możemy w trakcie zagniatania dodawać stopniowo trochę wody, ale nie więcej niż 2 łyżki). Formę do pieczenia tarty (najlepiej w kształcie serca) lub małą blachę wykładamy papierem do pieczenia, wkładamy ciasto, wyklejając rant naczynia. Nakłuwamy ciasto widelcem i wstawiamy na godzinę do lodówki. Rozgrzewamy piekarnik do temperatury 200°C. Warzywa (oprócz pomidorów) gotujemy bez soli 5–10 minut, tak aby były na wpół miękkie. Blachę z ciastem umieszczamy w rozgrzanym piekarniku. Podpiekamy, aż się zrumieni. Z przygotowanego według opisu na opakowaniu mleka modyfikowanego, gałki muszkatołowej i żółtka przyrządzamy sos. Podgotowane warzywa wykładamy na ciasto, dodajemy posiekane listki ziół i zalewamy sosem. Pieczemy jeszcze 20–25 minut. (Czas pieczenia tarty wyniesie w sumie 35 minut).

Dziecko zje jedynie kawałek tarty, reszta zostanie na obiad dla rodziny. Danie nadaje się dla dzieci, które dobrze radzą sobie z gryzieniem.

À la tzatziki

Porcja ok. 90 g

Danie polecane zasadniczo po 11. miesiąca życia ze względu na zawartość przetworów mlecznych. Po 10. miesiącu życia w mniejszej ilości.

- **pół średniego ogórka gruntowego (ok. 40 g)**
- **pół małego jogurtu naturalnego (ok. 50 g)**
- **ćwierć małego ząbka czosnku**
- **3 listki mięty**
- **szczypta soli jodowanej**
- **1 łyżeczka chudego białego sera**

Ogórek obieramy i trzemy na tarce o jak najmniejszych oczkach. Posypujemy go solą, po 10 minutach odciskamy sok. Mieszamy jogurt, ogórek, przeciśnięty przez praskę czosnek i posiekaną miętę. Jeśli tzatziki będą zbyt rzadkie, możemy dodać biały ser.

Potrawa stanowi smakowity dodatek do gotowanych na parze warzyw.

Gnocchi z dyni dla całej rodziny

Porcja ok. 100 g

- **1 dynia w całości (ok. 90 dag)**
- **ugotowane ziemniaki z poprzedniego dnia (ok. 200 g)**
- **mąka tortowa (min. 150 g)**
- **szczypta gałki muszkatołowej w proszku**
- **2 łyżki kaszy manny**
- **1 żółtko jajka kurzego**
- **pół łyżeczki soli**

Dynię kroimy na pół, wyjmujemy łyżką miąższ i pestki. Wydrążoną wstawiamy na 30 minut do nagrzanego do temperatury 200°C piekarnika (z termoobiegiem 180°C). Gdy dynia wystygnie, obieramy skórę i odlewamy sok. Miąższ miksujemy, wkładamy na sito i czekamy, aż spłynie nadmiar soku (możemy go lekko odcisnąć). Ziemniaki mielemy lub dokładnie rozgniatamy. Składniki łączymy i wyrabiamy ciasto. Mąkę wsypujemy stopniowo, jak najmniej. Jeśli będzie się kleiło, dodajemy kaszę mannę, która pochłonie nadmiar wilgoci (wszystko zależy od tego, jak soczysta jest dynia).
Gdy ciasto da się odlepić od rąk, formujemy z niego na stolnicy wysypanej mąką cienki, dwucentymetrowy wałek. Wykrawamy w poprzek kluseczki. Możemy też uformować ozdobne kluski – każdą toczymy po widelcu, tak że są owalne i mają rowki. Kluseczki wkładamy partiami do wrzącej, lekko osolonej wody. Po wypłynięciu gotujemy jeszcze 3 minuty. Wyjmujemy jedną kluseczkę i sprawdzamy, czy jest miękka. Jeśli nie, gotujemy jeszcze chwilę.

Danie to nie należy do łatwych do przygotowania. Jednak kluseczki są wyśmienite i warto spróbować je zrobić. Dziecko zje małą porcję, więc starczy ich dla całej rodziny. Część możemy także zamrozić.

Maluchom, które nieźle gryzą, gnocchi dajemy w kawałkach, a tym, które nie chcą gryźć, rozdrabniamy je widelcem.

Pulpety z mintaja w sosie pomidorowym

Porcja ok. 70 g

Danie nadaje się dla dzieci, które nie mają alergii na mięso ryb, ani alergii krzyżowej przez nie wywołanej.

- **1 kostka filetu z mintaja (ok. 100 g)**
- **1 mała marchew (ok. 40 g)**
- **ćwierć korzenia pietruszki (ok. 20 g)**
- **ćwierć małej cebuli (ok. 10 g)**
- **kawałek kalarepy (ok. 30 g)**
- **pół żółtka jajka kurzego lub 1 jajko przepiórcze**
- **2 łyżeczki kaszy manny**
- **szczypta imbiru, najlepiej świeżo utartego**
- **1 łyżeczka przecieru pomidorowego**
- **1 łyżeczka drobno posiekanego koperku**
- **pół łyżeczki masła**
- **pół szklanki wody**

Mięso ryby mielemy lub dokładnie szatkujemy, upewniając się, czy nie ma ości. Dodajemy surowe żółtko lub całe jajko przepiórcze, następnie 2 łyżeczki kaszki manny i imbir. Możemy też dorzucić łyżeczkę bardzo drobno posiekanego koperku. Starannie mieszamy i formujemy pulpeciki. Warzywa myjemy i obieramy, a następnie trzemy na tarce o drobnych oczkach. Cebulę kroimy w drobną kostkę. Gotujemy wodę, wkładamy pulpeciki, a po kilku minutach warzywa i przecier. Dusimy około 15 minut. Po ugotowaniu dodajemy masło.

Dziecko zapewne nie zje całej porcji ryby. Zaproponujmy ją rodzeństwu bądź pozostałym domownikom.

Danie nie może być przechowywane, ponieważ ryba straci swój aromat.

Smak Chin dla najmłodszych

Porcja ok. 180–200 g

Danie nadaje się dla dzieci, które nie mają alergii na rybę ani alergii krzyżowej przez nią wywołanej. W razie podejrzenia alergii rybę możemy zastąpić gotowanym i rozdrobnionym miękkim mięsem.

- **30 g makaronu ryżowego „nitki"**
- **2 szklanki wody do gotowania makaronu**
- **30 g mrożonego filetu z mintaja, morszczuka lub dorsza**
- **1 marchew (ok. 40 g)**
- **kawałek pora (ok. 15 g)**
- **2 jajka przepiórcze**
- **1 łyżka kiełków fasoli mung**
- **szczypta imbiru**
- **2 szczypty soli**
- **pół łyżeczki masła**
- **2 łyżki wody do duszenia warzyw i ryby**

Jajka gotujemy na twardo i studzimy w wodzie. Umytą i obraną marchew trzemy na tarce o małych oczkach. Białą część pora tniemy w bardzo cienkie talarki. Zamrożoną rybę trzemy osobno na tarce o małych oczkach. Kiełki drobno szatkujemy. Rybę mieszamy ze szczyptą soli i imbirem. Do małego garnka wlewamy 2 łyżki wody, wrzucamy marchew, por i kiełki. Dusimy pod przykryciem około 10 minut, aż będą miękkie. Do wrzątku wrzucamy makaron i gotujemy 3 minuty dłużej, niż podano na opakowaniu (powinien być bardzo miękki). Po 2 minutach tniemy go w garnku nożem na małe kawałki. Gdy warzywa będą miękkie, wyjmujemy je widelcem i w pozostałym wywarze kilka minut gotujemy rybę. Dodajemy masło. Zdejmujemy garnek z ognia i wkładamy do niego warzywa. Odcedzamy makaron i układamy na talerzu w gniazdko lub kopczyk. Nakładamy na niego warzywa i rybę. Dekorujemy połówkami lub ćwiartkami jajek.

Zimowa surówka

Porcja ok. 60 g

- **ćwierć średniej młodej marchewki (ok. 20 g)**
- **kawałek białej rzodkwi (ok. 30 g)**
- **5 rodzynek**
- **2 łyżeczki jogurtu naturalnego**

Dokładnie umyte i obrane warzywa ścieramy na tarce o małych oczkach i ugniatamy widelcem lub miksujemy. Rodzynki drobno kroimy, wkładamy do wrzącej wody i gotujemy około 5 minut. Warzywa i wystudzone rodzynki mieszamy z jogurtem. Odstawiamy na 15–20 minut, aby marchew i rzodkiew zmiękły.

Podajemy łyżeczką jako część drugiego dania.

Solopomodoro

Porcja ok. 60 g

- **4 pomidorki koktajlowe**
- **1 łyżeczka drobno posiekanego koperku albo natki pietruszki**
- **liść jasnej sałaty**

Pomidorki parzymy, zdejmujemy skórkę i obtaczamy w koperku lub pietruszce. Układamy na liściu sałaty i podajemy jako dodatek do dania głównego. Dziecko może zjeść pomidorki samodzielnie, ale w obecności kogoś dorosłego.

Chleb

Porcja ok. 40 g (1 kromka)

Składniki na 2 bochenki

rozczyn:
- **250 g płatków owsianych (typu górskie)**
- **50 g drożdży w kostce**
- **2 i 2/3 szklanki ciepłej wody**

pozostałe składniki:
- **1 kg mąki pszennej (bez 3 łyżek)**
- **2–3 łyżeczki soli jodowanej**
- **3 garście łuskanych ziaren słonecznika**
- **kilka łyżek ciepłej wody do posmarowania chleba**

Mieszamy składniki rozczynu, przykrywamy ściereczką i odstawiamy go w ciepłe miejsce na przynajmniej 6 godzin. Temperatura, w jakiej ciasto najlepiej rośnie, to około 25°C.

Rozdrabniamy nieco ziarna słonecznika, gdyż maluch mógłby mieć problemy z ich pogryzieniem. Do ciasta dodajemy pozostałe składniki i wyrabiamy je dłuższą chwilę, tak aby było pulchne i łatwo odchodziło od rąk. Jeśli jest za mało wilgotne, dolewamy trochę wody. Ciasto dzielimy na dwie części i wkładamy do natłuszczonych i wysypanych bułką tartą form do pieczenia keksów. Przykrywamy ściereczkami i zostawiamy do wyrośnięcia na minimum 30 minut. Ciasto smarujemy letnią wodą i pieczemy godzinę w temperaturze 220°C. Chleb powinien mieć brązową skórkę.

Upieczone bochenki pozostawiamy na co najmniej 20 minut w zamkniętym, a potem jeszcze dłuższą chwilę w uchylonym piekarniku. Nie wyjmujmy gorących, gdyż mógłby się zrobić zakalec.

Dziecku nie należy podawać ciepłego chleba, mogłoby się to skończyć bólem brzucha.

Mleczny twarożek

Porcja ok. 70 g

Danie polecane zasadniczo po 11. miesiącu życia ze względu na zawartość sera białego. Po 10. miesiącu życia w mniejszej ilości.

- **40 g świeżego twarogu półtłustego**
- **40 ml mleka modyfikowanego następnego (2)**
- **po ćwierć łyżeczki drobno posiekanego szczypiorku, koperku lub pietruszki**

Twaróg rozcieramy na gładką masę widelcem lub przepuszczamy przez plastikową maszynkę i łączymy z ciepłym mlekiem.

Do papki z twarogu możemy dodać drobno posiekany szczypiorek, koperek lub pietruszkę i smarować nim pieczywo.

Twarożek z jogurtem i pomidorami

Porcja ok. 60 g

Danie polecane zasadniczo po 11. miesiącu życia ze względu na zawartość przetworów mlecznych. Po 10. miesiącu życia w mniejszej ilości.

- **30 g twarożku**
- **2 łyżeczki jogurtu naturalnego**
- **po ćwierć łyżeczki drobno posiekanego szczypiorku, koperku i natki pietruszki**
- **ćwiartka pomidora lub kawałek gruntowego ogórka**

Twarożek rozcieramy na gładką masę i łączymy z zieleniną. Dodajemy dokładnie rozdrobniony pomidor lub ogórek starty na tarce i rozgnieciony na papkę.

Pamiętajmy, aby nie łączyć pomidora z ogórkiem. Powoduje to utratę witamin.

Domowy jogurt

Porcja ok. 50 ml

- **1 l mleka pasteryzowanego lub filtrowanego, o krótkim terminie przydatności do spożycia**
- **2 czubate łyżki mleka pełnotłustego w proszku**
- **3 czubate łyżki jogurtu naturalnego**

Danie polecane zasadniczo po 11. miesiącu życia ze względu na zawartość jogurtu. Po 10. miesiącu życia w mniejszej ilości.

W pół szklanki mleka rozpuszczamy mleko w proszku. Wlewamy wraz z pozostałym mlekiem do garnka. Zagotowujemy, od czasu do czasu mieszając i uważając, aby się nie przypaliło. Wyparzamy czyste słoiczki, do których przelejemy domowy jogurt. Gdy mleko przestygnie, ale jest jeszcze ciepłe (ma temperaturę 40–50°C), dodajemy do niego jogurt naturalny. Mieszamy łyżką, aby uzyskać w miarę gładką masę. Następnie rozlewamy do słoiczków i szczelnie je zakręcamy. Słoiki umieszczamy na kilka godzin pod kołdrą. Gdy będą zimne, ustawiamy je na podwójnie złożonym ręczniku na ciepłym kaloryferze. Kiedy jogurt w słoikach stanie się jednolity i gęsty, wkładamy go do lodówki. Domowy jogurt ma niekwaśny, śmietankowy smak. Przeciętnie proces „produkcji" jogurtu trwa przeciętnie od 17 do 20 godzin. Zależy to od szczepu bakterii zawartych w wybranym przez nas jogurcie i temperatury oraz częstotliwości grzania kaloryfera. Po upływie 10 godzin na kaloryferze oglądamy słoiki co kilka godzin, sprawdzając, czy jogurt nie fermentuje. Dbajmy o higienę przyrządzania, aby stworzyć korzystne warunki do rozwoju bakterii jogurtowych.

Aby uzyskać jogurt o smaku waniliowym, do mleka tuż przed zagotowaniem dodajemy cukier i opakowanie cukru waniliowego z prawdziwą wanilią.

PO 10. i 11. MIESIĄCU

Najszybsze kruche ciasteczka

Porcja ok. 20 g

- **pół szklanki mąki tortowej**
- **pół szklanki mąki krupczatki**
- **2 łyżki cukru**
- **2 łyżeczki cukru waniliowego**
- **4 łyżki oleju z pestek winogron**
- **4 łyżki wody**
- **owoce do dekoracji (najlepiej wiśnie)**

Z mąki, oleju, wody i cukru zagniatamy ciasto. Wkładamy je na godzinę do lodówki lub na kilkanaście minut do zamrażalnika. Wyjmujemy i rozwałkowujemy na grubość maksymalnie kilku milimetrów i wycinamy ciastka. Dekorujemy je owocami. Wkładamy do piekarnika z termoobiegiem nagrzanego do temperatury 150°C (bez termoobiegu 160–170°C). Pieczemy około 15 minut na blaszce wyłożonej papierem do pieczenia, aż się zrumienią.

Ciasteczka mogą wydawać się mało wyraziste w smaku, ale maluch nie powinien przyzwyczajać się do konkretnych słodkości. Przechowujemy je w szczelnym pojemniku, aby nie zawilgły. Gdy dziecko podrośnie, będziemy mogli zastąpić olej masłem, ale na razie lepsze będą dla niego ciasteczka wypiekane na oleju.

Knedle z owocami

Porcja ok. 150 g

- **3 ugotowane ziemniaki, mogą być z poprzedniego dnia, pod warunkiem, że były przechowywane w lodówce (ok. 170 g)**
- **ćwierć szklanki i 1 łyżka mąki tortowej (ok. 50 g)**
- **1 jajko**
- **mała szczypta soli jodowanej**
- **3 dojrzałe śliwki węgierki (albo wydrylowane miękkie wiśnie, cząstki dojrzałych moreli)**

Z mąki, zmielonych ziemniaków, jajka i soli zagniatamy ciasto. Jeśli będzie zbyt kleiste, dodajemy więcej mąki. Możemy też zrobić próbę: oderwijmy kawałek ciasta, ulepmy kulkę i ugotujmy ją we wrzącej wodzie. Jeżeli będzie za miękka, wsypujemy do ciasta trochę mąki. Z ciasta formujemy wałek o średnicy 3 centymetrów i kroimy go na kawałki. Następnie wyrabiamy małe placuszki. Na środku każdego układamy połówki śliwek. Jeśli nie są wystarczająco słodkie, a dziecko nie jest uczulone, możemy każdy owoc polać ćwiercią łyżeczki miodu akacjowego. Zlepiamy brzegi ciasta i formujemy kulki. Knedle wrzucamy do wrzątku. Gdy wypłyną, gotujemy je jeszcze mniej więcej 4 minuty.

Przed wyjęciem knedli z garnka, wyjmijmy jeden i sprawdźmy, czy ciasto jest miękkie, a owoc w środku gorący.

Knedle kroimy na kawałki, aby owoce w środku przestygły.

Pasta jajeczna

Porcja ok. 30 g

- **1 ugotowane żółtko jajka kurzego**
- **1 łyżeczka jogurtu naturalnego**
- **po szczypcie drobno posiekanego koperku i natki pietruszki**
- **ewentualnie 1 łyżeczka ugotowanego groszku**
- **szczypta soli jodowanej**

Wszystkie składniki rozgniatamy widelcem i mieszamy. Pasta jest smacznym dodatkiem do pieczywa.

Kompot z gruszek i jabłek

Porcja ok. 150 ml

- **2 duże gruszki**
- **1 małe kwaskowate jabłko**
- **2 łyżeczki cukru**
- **1 goździk**
- **2 szklanki wody**

Gruszki i jabłko po umyciu obieramy ze skórki, przekrawamy na połowę, usuwamy gniazda nasienne. Wkładamy do osłodzonego wrzątku i dodajemy goździk. Gotujemy około 5 minut, aż będą miękkie. Studzimy. Przechowujemy w lodówce.

Deser owocowy z jogurtem

Porcja ok. 130 g

- **pół średniego jabłka (ok. 40 g)**
- **pół średniej gruszki (ok. 40 g)**
- **2 dojrzałe śliwki renklody (ok. 30 g)**
- **1 łyżka jogurtu naturalnego (ok. 30 g)**
- **kawałek laski wanilii**
- **szczypta cynamonu**
- **1/5 szklanki wody**

Umyte i obrane owoce kroimy na kawałki i wrzucamy do wrzątku. Dodajemy wanilię i gotujemy pod przykryciem około 10 minut. Wanilię wyjmujemy, a owoce rozcieramy.

Podajemy zmieszane z jogurtem, posypane cynamonem.

Jabłkowa fantazja z jogurtem

Porcja ok. 120 g

- **1 małe jabłko w całości (do 100 g)**
- **1 łyżka jogurtu naturalnego**
- **3 łyżeczki kaszki ryżowej**
- **1 łyżeczka miodu[1]**
- **1 łyżeczka zmielonych migdałów (po 1. roku życia orzechów włoskich)**
- **30 ml wody**

Umyte i obrane jabłko ścieramy na tarce o drobnych oczkach. Gotujemy wodę, dodajemy jabłko i kaszkę ryżową. Trzymamy na ogniu, mieszając. Deser wykładamy na talerzyk, robimy niewielkie zagłębienie i wlewamy w nie jogurt. Możemy też wymieszać jabłko z jogurtem. Polewamy miodem i posypujemy zmielonymi migdałami.

Przy tym posiłku można spróbować nauczyć dziecko jeść samodzielnie. Przydadzą się do tego: śliniak z rękawami, plastikowa bądź silikonowa łyżeczka oraz folia rozłożona wokół krzesełka.

[**1**] Dziecku z podejrzeniem alergii pokarmowej miód wprowadza się tylko po konsultacji z lekarzem.

Migdałowa owsianka

Porcja 70 g + owoce

przygotowanie mieszanki:
- **1 łyżka migdałów bez skórki (lub orzechów laskowych, ale po 1. roku życia)**
- **1 łyżka łuskanych ziaren słonecznika**
- **2 garście płatków owsianych**

przygotowanie płatków:
- **80 ml wody na każdą łyżkę mieszanki**
- **1 miarka mleka modyfikowanego następnego (2)**
- **miękkie owoce**

Składniki mieszanki miksujemy w malakserze. Tak przygotowane płatki przechowujemy w szczelnym plastikowym pojemniku w lodówce. Podana ilość wystarczy na 8 deserów.

Mieszankę wsypujemy do rondelka i zalewamy wodą. Doprowadzamy do wrzenia i gotujemy na niewielkim ogniu kilka minut, często mieszając, tak aby płatki były miękkie. W razie potrzeby dolewamy wodę źródlaną do uzyskania papkowatej konsystencji. Wykładamy do miseczki, dodajemy miarkę mleka modyfikowanego.

Podajemy z kawałkami owoców.

Pasztet

Porcja ok. 30–40 g

- **1 kg cielęciny (najlepiej łopatki)**
- **4 jajka kurze**
- **2 małe bułki pszenne**
- **1 marchew (ok. 100 g)**
- **kawałek selera (ok. 50 g)**
- **1 łyżeczka soli jodowanej**
- **kilka listków lubczyku lub pół łyżeczki gałki muszkatołowej w proszku (nie używajmy tej z kostki, ponieważ zawiera dodatki)**
- **2 łyżki kaszy manny**
- **2 duże garście mrożonego groszku**
- **kilka łyżek oleju z pestek winogron**

Mięso myjemy, kroimy na duże kawałki, wrzucamy do wrzątku i gotujemy z jarzynami minimum 20 minut, aż będzie miękkie. Bułki namaczamy w wywarze z mięsa. Rozdzielamy żółtka i białka. Rozdrabniamy mięso w malakserze razem z żółtkami, bułkami, warzywami, kaszą manną i przyprawami, aż uzyskamy konsystencję pasztetu. Nagrzewamy piekarnik do temperatury 200°C (180°C z termoobiegiem). Ubijamy pianę z białek i mieszamy z mięsem. Dodajemy groszek i kilka łyżek wywaru. Pasztet wkładamy do formy do pieczenia keksa posmarowanej olejem i wysypanej bułką tartą i trzymamy w piekarniku około godziny. Gorący polewamy równomiernie olejem z pestek winogron.

Tamara Chorążyczewska

Pierwsze urodziny

Co się dzieje? Tyle ludzi,
Przyszli ciocia, babcia, dziadek.
Nie mam czasu dziś się nudzić,
Dostałem sto nowych zabawek!
Co się dzieje? Czy to święta?
Gdzie choinka? A barszcz zjemy?
Nagle mama uśmiechnięta
Wnosi... tort zdobiony kremem!
Wszyscy mają słodkie miny
I wołają: sto lat! sto lat!
Dziś są moje urodziny!
I mam tort.
Ja, małolat.

12

Pyszny tort
na bazie mleka modyfikowanego

Porcja 100 g

biszkopt[1]:

- **4 jajka**
- **mąka tortowa (ok. 130 g)**
- **mąka ziemniaczana (ok. 30 g)**
- **cukier (ok. 150 g)**
- **pół torebki cukru waniliowego**
- **szczypta soli jodowanej**
- **ewentualnie 1 płaska łyżeczka proszku do pieczenia[2]**

obłożenie:

- **28 miarek mleka modyfikowanego nr 3 (od 1. roku życia) o smaku waniliowym**
- **850 ml + 500 ml wody**
- **3 galaretki owocowe[3] – 2 malinowe na krem i cytrynowa na wierzch**
- **świeże maliny (ok. 500 g)**

Przygotowujemy biszkopt:
Jajka wyjmujemy z lodówki i wkładamy na chwilę do garnka z ciepłą wodą. (Umyjmy ręce po kontakcie ze skorupką). Przez sitko przesiewamy mąkę z proszkiem do pieczenia. Z białek z odrobiną soli ubijamy pianę. Pod koniec ubijania wsypujemy stopniowo cukier i cukier waniliowy. Dodajemy żółtka i wszystko miksujemy. Masę delikatnie mieszamy z przesianą mąką.
Ciasto od razu przekładamy do natłuszczonej i wysypanej bułką tartą tortownicy i wstawiamy do piekarnika nagrzanego do temperatury 160°C. Po 5–8 minutach pieczenia, gdy ciasto nieco podrośnie, zwiększamy temperaturę do 170–180°C (bez termoobiegu). Ciasto pieczemy 20–25 minut. Powinno mieć kolor jasnoorzechowy. Po upieczeniu biszkopt należy pozostawić na 20–30 minut w zamkniętym piekarniku, a następnie uchylić drzwiczki i poczekać, aby ostygł.

Przygotowujemy krem i galaretkę:
Na co najmniej 3–4 godziny przed przyjęciem urodzinowym zagotowujemy 850 ml wody i do wrzątku wsypujemy 2 galaretki malinowe. Galaretkę cytrynową przygotowujemy w 0,5 l wody. Kiedy galaretka malinowa nieco przestygnie, ale będzie jeszcze ciepła, wsypujemy do niej mleko modyfikowane i mieszamy. Galaretki odstawiamy w chłodne miejsce, a następnie do lodówki.
Przekrawamy biszkopt na dwie warstwy. Gdy galaretka malinowa nieco stężeje, miksujemy ją (mleko na pewno odłoży się na powierzchni) i połowę wylewamy na pierwszą warstwę biszkoptu, umieszczoną ponownie w tortownicy. Nakładamy drugą warstwę biszkoptu i zalewamy resztą kremu. Gdy masa zastygnie, dekorujemy ją owocami i zalewamy galaretką cytrynową. Odstawiamy do lodówki. Tuż przed podaniem tort dekorujemy świeczką.

[**1**] Biszkopt pieczemy na dzień przed urodzinami. Jajka, mąka i cukier powinny mieć podobną temperaturę.

[**2**] Proszek do pieczenia może potencjalnie wywołać reakcję alergiczną, dlatego dla dzieci z dużą skłonnością do alergi, powinniśmy spróbować upiec biszkopt bez proszku.

[**3**] Podanie dzieciom uczulonym i ze skazą białkową galaretki, ze względu na zawartość żelatyny spożywczej, powinniśmy skonsultować z pediatrą.

Tamara Chorążyczewska

U Krzysia na talerzu

Krzyś łyżeczką je już sam.
– Mama! – woła. – Mama! Am!
Na talerzu w małe misie:
Czy to obraz, czy jedzonko?
Słońce, górka,
Płotek, chmurka,
Jajko żółci się jak słonko.

Tak u Krzysia na talerzu
Wszystko ładnie się układa.
– Jedz na zdrowie – szepcze mama.
– Daj spróbować – prosi tata.

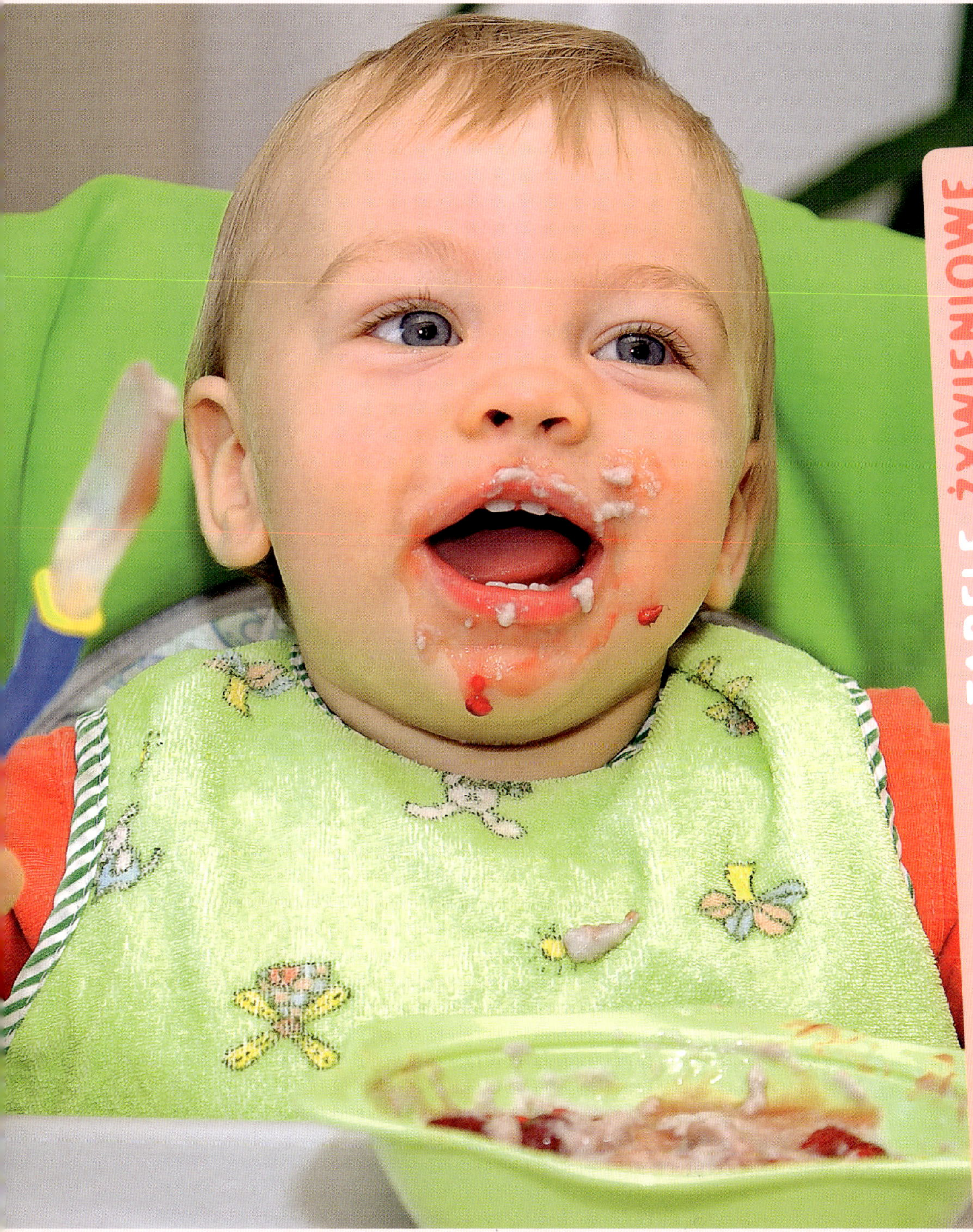

Tabele żywieniowe informują o tym, czego i w jakich ilościach organizm potrzebuje do właściwego rozwoju. Uznajemy, że dziecko rozwija się prawidłowo, gdy je z ochotą, regularnie, nie występują u niego żadne dolegliwości i w widoczny sposób przybiera na wadze.

Aby uniknąć podstawowych błędów początkujących rodziców, warto zapoznać się z uwagami ogólnymi dotyczącymi żywienia niemowląt, a poniższe zestawienia (opracowane przez lekarzy) niech staną się naszymi codziennymi „ściągami". Zapewniam, że już po niedługim czasie stosowania, na pierwszy rzut oka skomplikowane tabele będą dla nas czytelne i przyjazne.

Według ostatnich (2014 rok) zaleceń lekarzy to dziecko decyduje, czy zje posiłek i ile go zje. Posiłki dopasowujemy do apetytu dziecka, sprawdzając regularnie jego przyrosty masy ciała. To zalecenie dotyczy zarówno produktów uzupełniających, jak i mleka. Piersią karmimy na żądanie, butelką... też! Niemowlęta w pierwszym półroczu życia karmione są kilkanaście razy na dobę (w dzień i w nocy). Ale w kolejnych miesiącach życia liczba karmień ulega stopniowemu ograniczeniu.

Wskazana w tabelach kolejność wprowadzania warzyw i owoców powinna być traktowana jako propozycja. Główną wskazówką jest to, na jakim etapie rozwoju znajduje się malec. Ważne, czy już siedzi, czy umie rozdrabniać pokarmy, używając języka, czy ma odruch ssania, czy otwiera usta przy zbliżaniu łyżeczki. Opanowanie przez dziecko tych umiejętności oznacza, że można mu podać produkty o określonej konsystencji i określonego typu. Tolerancja poszczególnych pokarmów może być różna u każdego dziecka. Dlatego schemat może być zmieniony w wyniku obserwacji reakcji dziecka na pokarmy lub po konsultacji z lekarzem prowadzącym.

UWAGA! To dziecko decyduje, czy zje posiłek i ile go zje. Posiłki dopasowujemy do apetytu dziecka, sprawdzając regularnie jego przyrosty masy ciała.

Wiek (mies.)	Sposób żywienia	Liczba posiłków na dobę	Wielkość porcji	Umiejętności	Rodzaj i konsystencja pokarmów
1	Karmienie piersią lub mlekiem modyfikowanym	7	110 ml	Ssanie i połykanie	Płyny
2–4		6 + woda[2] bez ograniczeń	120–140 ml		
5–6	• Karmienie piersią lub mlekiem modyfikowanym • **Mleko mamy w pełni zaspokaja potrzeby żywieniowe dziecka w pierwszym półroczu, w drugim jest podstawą diety.** Na życzenie matki można dodać do diety malucha również mleko początkowe lub następne, w zależności od wieku dziecka.	5 + woda bez ograniczeń	150–160 ml	• Początkowe rozdrabnianie pokarmów językiem • Silny odruch ssania • Wypychanie jedzenia z ust za pomocą języka (reakcja przejściowa) • Otwieranie ust przy zbliżaniu łyżeczki	• Gładkie purée (papka) • Posiłki mleczne • Mleko podawane z piersi, butelki lub kubka niekapka • Pozostałe pokarmy podawane łyżeczką

[1] Jako zagęszczacze należy stosować: skrobię ryżową, skrobię ziemniaczaną, skrobię kukurydzianą.

[2] Najlepsza jest woda źródlana, naturalna woda mineralna, niskosodowa, niskosiarczanowa. Nie każda woda butelkowa jest odpowiednia dla dzieci!

Przykłady pokarmów	**Uwagi**	**Rodzaj pokarmów, które możemy wprowadzić**
Mleko matki lub mleko modyfikowane początkowe	• Podajemy uśrednioną liczbę i wielkość porcji. To dziecko decyduje, czy zje posiłek i ile go zje. Posiłki dopasowujemy do apetytu dziecka, sprawdzając regularnie jego przyrosty masy ciała. • Piersią karmimy na żądanie, butelką... też. Niemowlęta w pierwszym półroczu życia karmione są kilkanaście razy na dobę (w dzień i w nocy). W kolejnych miesiącach liczba karmień ulega stopniowemu ograniczeniu. • Substancje zagęszczające mleko[1] są uzasadnione jedynie u maluszków z refluksem i zaburzeniami wzrostu związanymi ze stratami energetycznymi ulanego posiłku. Niepotrzebnie wprowadzane mogą stwarzać ryzyko otyłości.	Celem, do którego należy dążyć, jest wyłączne karmienie piersią przez pierwsze miesiące życia.
• 4 × mleko początkowe • 1 × zupa: papka jarzynowa („zupka") z dodatkiem małej ilości kleiku glutenowego: 2–3 g kleiku lub kaszy manny na 100 ml + 10 g gotowanego mięsa bez wywaru • 1 x przecier owocowy lub sok, najlepiej przetarte lub zmiksowane jabłko (nie więcej niż 150 g) • Woda bez ograniczeń	• Główną wskazówką do wprowadzania nowych potraw jest to, na jakim etapie rozwoju znajduje się malec. Ważne, czy już siedzi, czy umie rozdrabniać pokarmy, używając języka, czy ma odruch ssania, czy otwiera usta przy zbliżaniu łyżeczki. Opanowanie przez dziecko tych umiejętności oznacza, że można mu dawać produkty o określonej konsystencji i określonego typu. • By zmniejszyć ryzyko celiakii, od 5. miesiąca podajemy dziecku małe porcje glutenu: od 1/4 do 1/2 łyżeczki kaszki pszennej (ugotowanej kaszy manny lub glutenowej kaszki instant). • Poprzez wczesne wprowadzanie produktów staramy się ochronić dziecko przez rozwojem alergii.	**Mięso:** jako pierwsze wprowadzamy chude mięsa (na początek około 10 g, tj. 3 łyżeczki): **kurczak**, **indyk**, **królik**; zmiksowane, drobno posiekane **Warzywa:** ziemniak, marchew, dynia, pietruszka, seler, brokuł, kalafior, kapusta (biała, czerwona, włoska), brukselka, groszek zielony, kukurydza, fasolka szparagowa, kabaczek, cukinia, patison, soczewica czerwona **Owoce:** jabłko **Produkty zbożowe:** kasza manna, kleik ryżowy (zaleca się, by produkty zbożowe wprowadzane w 1. roku życia były wzbogacane w żelazo)

Wiek (mies.)	Sposób żywienia	Liczba posiłków na dobę	Wielkość porcji	Umiejętności	Rodzaj i konsystencja pokarmów
	• Nowe produkty wprowadzamy nie wcześniej niż w 17. tygodniu (4. miesiąc), ale też nie później niż w 26. tygodniu (6. miesiąc) życia. Zaczynamy od warzyw. Po około dwóch tygodniach podajemy dziecku owoce (nie wykluczamy warzyw). Potem wprowadzamy mięso.				
7	• Karmienie piersią lub mlekiem modyfikowanym (mleko następne) • Wprowadzamy: różne kasze, jajko (gotowane) nowe warzywa. • Rozszerzamy dietę o ryby. • Wprowadzamy nowe owoce – jeśli dziecko ma już zęby, to może próbować gryźć, jeśli nie, to gotujemy i miksujemy.	4–5 + woda bez ograniczeń	170–180 ml	• Pobieranie wargami pokarmu z łyżeczki • Konsystencja jarzyn i mięsa – stymulowanie żucia pokarmu • Między 6. a 9. miesiącem życia nabywane są umiejętności żucia, gryzienia oraz sprawności manualnej do spożywania różnorodnych pokarmów. Dziecko zaczyna interesować się jedzeniem, sięga po żywność i przenosi ją do ust, smakuje, próbuje gryźć. W tym okresie pokarm naturalny pokrywa około 70% zapotrzebowania energetycznego.	• Papki z większymi cząsteczkami • Zmiksowane – mięso, ryby

Przykłady pokarmów	Uwagi	Rodzaj pokarmów, które możemy wprowadzić
	• Nowe produkty – np. owoce, warzywa, kasze, mięso – należy dodawać do diety dziecka kolejno i osobno, obserwując jego reakcję. • Wprowadzając posiłki uzupełniające, zaczynamy od małych ilości, np. 3–4 łyżeczek. Posiłek inny niż karmienie mlekiem matki podajemy po zakończeniu karmienia piersią. W sytuacji kiedy dziecko odmawia jedzenia/próbowania posiłków uzupełniających – można odwrócić tę kolejność.	
• 3 × 180 ml: mleko następne • 1 × 150 g: kaszka bezglutenowa na mleku następnym lub deser mleczno-owocowy • 1 x zupa jarzynowa (200 ml) z gotowanym mięsem lub rybą (1–2 razy w tygodniu) z dodatkiem kaszy manny (2–3 g na 100 ml) • **UWAGA!** Dodajemy pół żółtka do zupy – co drugi dzień • 1 x sok owocowy (150ml) – najlepiej przecierowy lub przecier owocowy (może być z dodatkiem kleiku bezglutenowego)	• Składnikiem tłuszczowym zup jarzynowych może być wysokiej jakości masło, oliwa z oliwek lub niskoerukowy olej rzepakowy. • Jajko: Od 7. miesiąca życia możemy wprowadzić do diety dziecka **całe jajko**, oczywiście ugotowane. W poprzednim schemacie żywienia opis wprowadzania żółtka (w 7. miesiącu) i białka (w 11.–12. miesiącu) był bardzo skomplikowany. • W dniu, w którym dziecko nie je mięsa, można podać ćwiartkę średniej wielkości całego ugotowanego jajka. • W diecie niemowląt soki nie służą zaspokajaniu pragnienia, nie powinny zastępować wody. • Ryby podajemy od 7. miesiąca, tuż po tym, jak wprowadzimy mięso; serwujemy małe porcje, początkowo tylko raz w tygodniu.	**Warzywa**: soczewica zielona, kalarepa, por (jeśli w rodzinie występuje alergia pokarmowa, to podajemy go dopiero od 10. miesiąca życia), burak (z tym samym zastrzeżeniem, co w przypadku pora) **Owoce**: dzika róża, czarne jagody **Produkty zbożowe:** ryż, kukurydza, kasze, mąki, płatki (również z brązowego ryżu), kasza manna do zupy

Wiek (mies.)	Sposób żywienia	Liczba posiłków na dobę	Wielkość porcji	Umiejętności	Rodzaj i konsystencja pokarmów
8	• Mleko – jak wyżej • Zwiększona różnorodność rozdrobnionych lub posiekanych potraw	4–5 + woda bez ograniczeń	180–200 ml	• Oczyszczanie łyżeczki wargami, gryzienie, żucie • Rozwój umiejętności umożliwiających samodzielne jedzenie	• Papki z większymi cząsteczkami • Rozgniecione gotowane owoce i warzywa • Posiekane drobno mięso, ryby, miękkie warzywa (pomidor)
9	• Mleko – jak wyżej • Pokarmy podawane do rączki • Kasze, pieczywo	4–5 + woda bez ograniczeń	200 ml	• Rozwój umiejętności umożliwiających samodzielne jedzenie • Produkty podawane do ręki	• Papki z większymi cząsteczkami • Zmiksowane – mięso, ryby

[**3**] Może to być: kasza manna, kukurydziana, jaglana, amarant (ziarno), jęczmienna, płatki owsiane, ryżowe, ryż.

Przykłady pokarmów	Uwagi	Rodzaj pokarmów, które możemy wprowadzić
• 2 × 180 ml: mleko następne • 1 × 180 ml: mleko następne z dodatkiem kaszki zbożowej glutenowej (6 g na 100 ml) • 1 × kaszka bezglutenowa na mleku następnym lub deser mleczno-owocowy • 1 × 200 ml zupa: przecier jarzynowy z ćwiartką jajka – co drugi dzień i z gotowanym mięsem – codziennie (10–15 g) lub rybą (1–2 razy w tygodniu) • 1 x przecier owocowy lub sok (nie więcej niż 150 g)		**Warzywa:** jarmuż, świeże szparagi, sok z kiszonej kapusty (1 łyżka); gdyby pojawiło się zaczerwienienie wokół ust, przerywamy podawanie i ponowną próbę podejmujemy dopiero po 12. miesiącu życia **Owoce:** maliny, śliwki (węgierki, mirabelki, renklody i inne, także suszone), czereśnie, brzoskwinie, kiwi, winogrona, mango, melon, banan, morele, daktyle, gruszki i rodzynki **Produkty zbożowe:** kasza gryczana biała niepalona, kaszka krakowska, mąka sojowa **Przyprawy:** majeranek, kminek, koperek (suszony), sezam
• 1 × 200 ml: mleko następne z dodatkiem kaszki glutenowej (6 g na 100 ml) • 1 × 200 ml: mleko następne z dodatkiem kaszki bezglutenowej • 1 × 200 ml: kaszka[3] na mleku następnym • 1 × 200 ml zupa: przecier jarzynowy z dodatkiem ćwiartki jajka z gotowanym mięsem (10–15 g) lub rybą (1–2 razy w tygodniu) • 1 × 150 g: owoce lub kompot, lub sok (najlepiej przecierowy) + biszkopt	• Dziecko powinno z czasem poznać smak pieczywa i jasnego, i ciemnego. • Nie podawajmy pieczywa z całymi ziarnami – dziecko może się zakrztusić. Ciemne pieczywo jest dla maluszków zbyt ciężkostrawne!	**Warzywa:** cebula, groch, szpinak i szczaw (jeśli dziecko ma problemy z nerkami, to nie podajemy) **Owoce:** jeżyny, aronia, wiśnie, borówka amerykańska, porzeczki (białe, czerwone, czarne), arbuz **Produkty zbożowe:** kasza jaglana, amarant (mąka, ziarno), jęczmień **Rozdrobnione pestki i nasiona:** słonecznik, dynia **Przyprawy:** tymianek, cząber, estragon, bazylia, rozmaryn, oregano (ostrożnie przy alergii)

Wiek (mies.)	Sposób żywienia	Liczba posiłków na dobę	Wielkość porcji	Umiejętności	Rodzaj i konsystencja pokarmów
10	• Mleko – jak wyżej • Posiekane surowe owoce i warzywa (np. jabłko, gruszka, pomidor) • Produkty z rodzinnego stołu	4–5 + woda bez ograniczeń	190–220 ml	Rozwój koordynacji umożliwiających samodzielne jedzenie	• Rozgniecione gotowane warzywa i inne produkty • Miękkie cząstki owoców, warzyw, mięsa – podawane do ręki
11–12	• **PO UKOŃCZENIU 11. MIESIĄCA wprowadzamy:** twarożek, kefir, jogurt – kilka razy w tygodniu. Muszą to być tylko naturalne produkty, bez konserwantów, z ograniczeniem cukru. • **Posiłki bezmleczne powinny stopniowo zastępować mleko.** Pod koniec 1. roku dziecko powinno otrzymywać jedynie 2, maksimum 3, mleczne posiłki.	• **Dążymy do tego, by podawać dziecku 5 posiłków dziennie.** • Pod koniec 1. roku dziecko zjada 3–4 posiłki i 1–2 zdrowe przekąski (cząstka warzywa, owocu, kawałeczek chleba).	200–220 ml	Rozwój koordynacji umożliwiających samodzielne jedzenie	j.w.

Źródło: Tabela przygotowana na podstawie dokumentu: Zasady żywienia zdrowych niemowląt. Zalecenia Polskiego Towarzystwa Gastroenterologii, Hepatologii i Żywienia Dzieci, STANDARDY MEDYCZNE/PEDIATRIA, 2014, T. 11, s. 321–338.

Przykłady pokarmów	Uwagi	Rodzaj pokarmów, które możemy wprowadzić
3 × 220 ml: mleczny posiłek łączony z produktami zbożowymi (np. mleko następne, kaszki mleczne glutenowe lub bezglutenowe, niewielkie ilości pieczywa, biszkopty, sucharki) • Posiłek obiadowy: 1 x zupka jarzynowa z kaszą glutenową) i 1/4–1/3 jajka • 1 × danie z gotowanym mięsem (15–20 g) lub rybą (1–2 razy w tygodniu) z dodatkiem ziemniaka lub ryżu • **UWAGA!** Można wprowadzić „surówkę"– patrz ostatnia kolumna tabeli: wprowadzane warzywa, np. pokrojony drobno pomidor, ogórek, rzodkiewka • 1 x przecier owocowy lub owoco, lub kompot, lub sok – najlepiej przecierowy (nie więcej niż 150 g)	Posiłki podobne jak w 9. miesiącu życia ze zmianą – obiad składa się z 2 dań: zupka + jarzynka z dodatkiem gotowanego mięsa. Dania można też podać osobno w odstępie czasowym.	**Produkty zbożowe (w tym glutenowe):** kaszki, kleiki, kasze, bułki, chleb, sucharki **Warzywa:** awokado (nie, jeśli dziecko ma problemy z wątrobą lub zdarzyły się one w rodzinie), bakłażan, ogórek świeży gruntowy, papryka, rzodkiew, soja, cieciorka, pomidor gruntowy, fasola – biała, czerwona, bób (nie, jeśli dziecko ma kłopoty z przewodem pokarmowym), ogórek kiszony, kapusta kiszona (jeśli po soku nie pojawiło się zaczerwienienie wokół ust) **Owoce:** borówki, żurawina, poziomki, truskawki, passiflora, papaja, ananas **Kiełki:** soczewicy, soi, słonecznika, lucerny, rzodkiewki **Przyprawy:** czosnek, pieprz, papryka słodka, kolendra, sól kamienna (nieoczyszczona i tylko odrobinkę), cynamon (ostrożnie przy alergii), szczypiorek, natka pietruszki, koperek, rzeżucha (świeże, ale nie ze szklarni)
• 3 x produkty zbożowe (kaszki/kleiki glutenowe i bezglutenowe, pieczywo, biszkopty, sucharki) łączone z produktami mlecznymi (np. mleko modyfikowane, twarożek, jogurt, kefir – te kilka razy w tygodniu) • obiad z 2 dań: zupa jarzynowa z kaszką glutenową + danie z gotowanym mięsem lub rybą (1–2 razy w tygodniu) z ziemniakiem lub ryżem i surówką • całe jajko 3–4 razy w tygodniu • 1 x przecier lub sok owocowy (nie więcej niż 150 g)	• Posiłki podobne jak w 10. miesiącu życia ze zmianami: – całe jajko 3–4 razy w tygodniu – twarożek, kefir, jogurt – kilka razy w tygodniu. • Pełne mleko krowie podajemy najwcześniej od 12. miesiąca życia. • Małe ilości mleka krowiego można użyć do przygotowania posiłków uzupełniających, ale nie powinno być ono stosowane jako główny produkt mleczny przed 12. m. ż.	**Owoce:** figi **Produkty zbożowe** bułki, chleb, kasze, sucharki **PO UKOŃCZENIU 11. MIESIĄCA:** **Warzywa:** sałata, rzodkiewki **Owoce:** pomarańcze, mandarynki, grejpfrut, cytryna, limonka **Przetwory mleczne** **PO UKOŃCZENIU 12. MIESIĄCA:** **Orzechy:** włoski, laskowy, nerkowiec i inne

NOTATKI

NOTATKI

O Recenzentach

dr n. med. Ewa Willak-Janc – pediatra alergolog, pracownik I Katedry i Kliniki Pediatrii, Alergologii i Kardiologii Akademii Medycznej we Wrocławiu. Autorka wielu publikacji naukowych, współautorka książki *Choroby alergiczne wieku rozwojowego*, doświadczony lekarz, od lat prowadzi własną praktykę. Ma dwoje dzieci.

prof. dr hab. inż. Aneta Wojdyło – adiunkt na Wydziale Nauk o Żywności Uniwersytetu Przyrodniczego we Wrocławiu. Z wykształcenia i zamiłowania technolog żywności zajmujący się opracowywaniem produktów żywnościowych o wysokich walorach prozdrowotnych. Autorka i współautorka licznych publikacji naukowych i popularnonaukowych ukazujących się w kraju i za granicą. Prywatnie szczęśliwa mama Maksymiliana.

dr n. med. Wojciech Pietras – absolwent Akademii Medycznej we Wrocławiu, specjalizujący się w dziedzinie pediatrii, hematologii oraz hematologii i onkologii dziecięcej. Pięć lat pracował w Klinice Zaburzeń Odżywiania Niemowląt, obecnie w Klinice Transplantacji Szpiku, Onkologii i Hematologii Dziecięcej w Poradni Konsultacyjnej we Wrocławiu. Autor i współautor publikacji w czasopismach polskich i zagranicznych oraz współtwórca książek o tematyce nowotworowej u dzieci. Jego hobby to nurkowanie i podróże. Ma troje dzieci.